推銷之神

原一平秘技

前言 PREFACE

原一平，在日本壽險業，是一個聲名顯赫的人物。日本有二十家保險公司，近百萬的壽險從業人員，其中很多人不知道自家公司總經理的姓名，但卻沒有一個人不認識原一平。他的一生充滿傳奇，曾是被鄉里公認為無可救藥的小混混，到最後成為日本保險業界「連續15年」全國業績第一的「推銷之神」，最窮的時候，他連坐公車的錢都沒有，可是最後，他終於憑藉自己的毅力，成就了一番事業。

儘管原一平功成名就，但他根本不願意停下來，還要繼續工作，他的太太埋怨說：「以我們現在的儲蓄已夠終生享用，不愁吃穿，何必每日再這樣勞累地工作呢？」

原一平卻不以為然地回答：「這不是有沒有飯吃的問題，而是我心中有一團火在燃燒著，這一團永不服輸的火在體內作怪的緣故。」

原一平用自己一生的實踐書寫了作為一個偉大的推銷員、一個優秀的推銷員應該具有的技巧。他要把這些技巧告訴每一個普通人、每一個即將走向成功的人。為此，他在全世界各地開展了連續不斷的演講，把自己的思想推廣開來。

他定期舉行「原一平批評會」，堅持6年，聽取大家的意見，來檢討自我，改進自我。他堅持每星期去日本著名的寺廟聽吉田勝逞、伊藤道海法師講禪，來提高自己的修養。

他對每一個客戶都有一個詳細清晰的調查表，建立了分類檔案。

他把微笑分為39種，對著鏡子苦練，曾經在對付一個極其頑固的客人時，用了30種微笑，他的微笑被人們譽為「價值百萬美金的笑」。

他有堅強的毅力和信念，為了贏得一個大客戶，他曾經在三年八個月的時間裡，登門拜訪70次都撲空的情況下，最終鍥而不捨獲得成功。

在原一平奮鬥史中，最受壽險推銷人員推崇的是三恩主義：社恩、佛恩、客恩。

原一平是明治保險公司推銷員，今日能成為保險巨人，並被尊稱為「推銷之神」，他並沒有傲慢自大，反而謙沖為懷，口口聲聲感謝公司的栽培，沒有公司就沒有今日的他，原一平十分尊敬公司，聽說晚上睡覺時，腳都不敢朝公司的方向！這就是「社恩」。

原一平一生成長的歷程，除了自己刻苦奮鬥外，還有貴人串田董事長、阿部常董其功不可沒。不過，他內心裡最感謝的是啟蒙恩師吉田勝逞法師、伊藤道海法師，因沒有他們的一語道破及指點迷津，或許原一平還只是一名推銷的小卒呢！這就是「佛恩」。

談到「客恩」，就是對參加保險的客戶心懷感謝之心。對每位客戶有感謝的胸懷，才能對客戶做無微不至的服務。據原一平自稱：他的所得除了10％留為己用外，其餘皆回饋給公司及客戶。

就是在這「三恩主義」的指導之下，原一平才取得了那麼多的成就。推銷是一條孤寂而寂寞的路，遭到的白眼和冷遇都遠遠超過其他行業，然而，獨一無二的原一平用自己的汗水和勤奮、韌性和耐心走過了這條荊棘路，創造了世界奇蹟，成為所有人為之敬佩的「推銷之神」。這種精神，值得所有後人來學習和敬仰！

原一平天生矮個子，身高只有一四五。他曾經為自己身材矮小而苦惱，但後來他想通了，認識到遺傳基因是難以改變的，克服矮小的最佳辦法就是坦然接受，然後設法將這缺點轉化成為優點。

有一次，原一平的上司高木金次對他說：「體格魁梧的人，看起來相貌堂堂，在訪問時較易獲得別人的好感；身體矮小的人，在這方面要吃大虧。你、我均屬身材矮小的人，我認為必須以表情取勝。」

原一平從這番話中獲得很大的啟發。從那時起，他就以獨特的矮身材，配上他經過苦練出來的各種幽默表情和幽默語言，在他向客戶介紹情況時，經常逗得大家哈哈大笑，覺得他可愛可親。如他登門向人家推銷人壽保險業務時，經常有以下一些對話：

「你好！我是明治保險的原一平。」

「啊！明治保險公司，你們公司的推銷員昨天才來過，我最討厭保險了，所以他昨天被我拒絕了！」

「是嗎？不過，我比昨天那位同事英俊瀟灑吧！」

「什麼？昨天那個仁兄長得瘦瘦高高的，哈哈，比你好看多了。」

「矮個子沒壞人，再說辣椒是愈小愈辣喲！俗話不也說人愈矮，俏姑娘愈愛嗎？這話可不是我發明的啊！」

「哈哈，你這人真有意思。」

就這樣，原一平與每一個顧客交談後，雙方的隔閡就消失了，他給人留下了深刻印象，生意往往就這樣很快做成了。正因如此，他以出色的幽默推銷術連年取得全國最佳的推銷業績，被尊稱為「推銷之神」。

另外，我們來聽聽拿破崙．希爾曾講過的一個故事——

有個叫塞爾瑪的年輕女子陪伴丈夫駐紮在一個沙漠的陸軍基地裡。她丈夫奉命到沙漠去參加演習，她一個人留在陸軍的小鐵皮屋裡。天氣非常悶熱，她沒有人可談天。只有墨西哥人和印第安人，而他們不會說英語。她非常難過，就寫信給父母，說她想要丟開一切回家去。她父親的回信只有兩行字：

兩個人從牢中的鐵窗望出去，
一個看到泥土，一個卻看到了星星。

塞爾瑪看了一遍又一遍，終於悟出了字理：動用她的積極心態。於是，她開始和當地人交朋友。他們的反應使她非常驚奇。她對他們的紡織、陶器表示興趣，他們就把最喜歡但捨不得賣給觀光客的紡織品和陶器送給她。另外，她還研究那些引人入迷的仙人掌和各種沙漠植物、物態，又學習有關土撥鼠的知識。她觀看沙漠的日落，還尋找海螺殼——這些海螺殼是幾萬年前這沙漠還是海洋時留下來的……原來難以忍受的環境已變成了令人興奮、留連忘返的奇景。

「積極的心態」使賽爾瑪活出了生命的價值與意義。

同理，身為壽險推銷員的一分子，你的心態就是你看不見的法寶。它的一面裝飾著「積極的心態」五個字，另一面裝飾著「消極的心態」五個字。積極的心態具有吸引真善美的力量，消極的心態則排斥它們。正是消極的心態剝奪了使你的生活具有價值的東西。

每日清晨，大聲誦讀如下的激勵語——

我是最棒的，我是最優秀的壽險推銷員。

新的一天的到來，就是一個新生的開始。

碰壁越多，離成功越近。

壽險如同空氣和水，是生活中必需的。

壽險推銷是助人助己、利人利己的神聖工作。

壽險是愛人，推銷是助人。

莫為失敗找藉口，只為成功找理由。

如果你心理一直有成為壽險高手的目標，你就能成功。

計劃你的工作，然後按計畫去行動。

未曾失敗的人，恐怕也未曾成功過。

「不可能」這幾個字，只在愚人的字典中才找得到。

壽險推銷極富創造性，是一門深奧的學問，它是綜合了市場學、心理學、口才學、表演學等技能的一種有意義的工作。

本書以推銷之神原一平的秘技為藍本，開拓出適合21世紀的推銷秘笈，希望能幫助站在第一線的朋友們，事半功倍，取得勝利的第一步！

目錄 CONTENTS

前言 002

ch.1 「準備」是最好的敲門磚

1 健全的壽險理念 014
2 設定你的目標 018
3 別忘了檢查資料袋 020
4 摸清客戶的「底」 024
5 接納正確的推銷建議 030
6 記住26個英文字母 035
7 樹立良好的售後服務意識 039

ch.2 「形象」是最佳的介紹信

1 服飾 044
2 儀容 048
3 肢體語言 051
4 微笑 054
5 握手 059

ch.3 調控情緒，創造新境界

1 克服恐懼 062
2 驅逐緊張 064
3 駕馭憤怒 067
4 擺脫抑鬱 070
5 控制狂躁 073

ch.4 壽險推銷員成功法則

1 熱情 078
2 多走一些路 082
3 專注 084
4 自信 087
5 直面失敗 091
6 學會自律 096
7 學會自我心理暗示 098
8 如何有效地利用時間 101
9 如何避免浪費時間 106
10 健康的體魄 112

ch.5 尋找準客戶的祕訣

1 陌生拜訪法 116
2 關係法 120
3 介紹法 123
4 直接通信法 128
5 公開諮詢法 131
6 社交法 133
7 名人提攜法 136
8 見縫插針法 141

ch.6 接近準客戶的黃金法則

1 電話禮儀 146
2 約談規則及技巧 148
3 關係拜訪 152
4 拜訪法則 155
5 拜訪技巧 159
6 選擇拜訪時間 163
7 有效的說明 166
8 建立系統的準客戶檔案 168

ch.7 與準客戶面談溝通的技巧

1 完美的第一印象——印象情感 172
2 完美的第一印象——印象守則 175
3 同化 178
4 別強加你的想法於他人 182
5 學會傾聽 184
6 不要說「不」 188
7 巧用名片 191

ch.8 優秀業務員面談技巧

1 自我行銷術 196
2 「拋繩術」 199
3 催眠術 202
4 正面宣導術 206
5 強調術 209
6 迂迴術 213
7 挑釁術 216
8 動感話術 220
9 輪盤話術 223
10 學步術 226

ch.9 如何突破準客戶的各種藉口

1 誤解型客戶 232
2 傳統型客戶 236
3 托辭型客戶 241
4 拮据型客戶 245
5 厭惡型客戶 248
6 疑慮型客戶 251
7 精明型客戶 254
8 從眾型客戶 257
9 自傲型客戶 260

ch.10 壽險推銷　實戰技能

1 贏得客戶信任的技巧 264
2 引起客戶興趣的技巧 266
3 發問的技巧 270
4 把握客戶 273
5 察言觀色的技巧 276
6 如何製訂短期工作計畫 281
7 如何製訂長期工作計畫 285
8 複訪的技巧 288
9 抓住成交時機 292
10 適當運用的促成方法 297
11 以良好的自我「心像」促成 304
12 正確地遞送保單 308
13 如何理賠 312
14 自我總結 315

ch.1
「準備」是最好的敲門磚

○孫子兵法說：不打沒有準備的仗。有備而來，方能有取勝的希望。

●克里曼特．斯通指出：「保險推銷工作唯一的祕訣在於——事前有充分的準備，才能有事後出色的演出，使準客戶建立起對你的信心。」

1 健全的壽險理念

一個牧師在星期六早晨，正在準備他明天的講道內容。他的太太出去買東西了，外面下著雨，小兒子很調皮，吵得他苦思仍寫不了半個字。為了擺脫孩子的喧鬧，他隨手拿起一本舊雜誌，順手一翻，看到一張色彩鮮艷的巨幅圖畫。那是一張世界地圖。他把這一頁撕下來，撕成小片，丟到客廳的地板上，對兒子說：「強尼，你把它拼起來，我就給你兩毛五分錢。」

牧師心想，這下子兒子至少會忙上半天了吧！誰知不到兩分鐘就響起敲門聲，他兒子已經把圖拼好了。牧師驚訝萬分。

「兒子啊！怎麼這麼快就拼好啦？」牧師道。

「很簡單呀！這張地圖的背後有一個人的照片。於是，我先把人的像拼起來，再翻過來就可以了。我想，假使人像拼得對，地圖也該拼得對才是。」

牧師忍不住笑了起來，賞給兒子一個兩毛五分的鎳幣，說：「聰明的兒子，你告訴了我明天講道的內容。」隨後他又補充一句，「假設一個人是正確的，那麼他的世界也會是正確的。」

這個故事寓意深遠。如果你想改變你的世界，首先就應改變你自己。如果你是正確的（人生理念），你的世界也會是正確的。因此——擁有正確的推銷理念，你的推銷世界就充滿成功的喜悅與鼓舞。

1 認識壽險

(1) 壽險是一種無形的商品

壽險本身是一種承諾，是一種契約，是一種保障或服務，因此，它是無形的。

(2) 壽險是人人都需要的商品

壽險保障人們無論何時何地，因意外、疾病或不幸身故而喪失工作能力、失去收入的時候，可獲得一定的保險金，使生活得以繼續維持，不致陷入困境。

(3) 壽險是一種家庭保障

購買人身保險是獲得家庭保障的最有效方式。

(4) 壽險是一種積蓄之道

壽險的宗旨：「今天做明天的準備，現在做將來的準備。」它是一種半強制性的長期儲蓄方式。

(5) 壽險是現代的生活之道

「保險的意義只是今日做明日的準備，生時做死時的準備，父母做兒女的準備，兒女幼小時做兒女長大時的準備，如此而已。今天預備明天，這是真穩健；生時預備死時，這是真曠達；父母預備兒女，這是真慈愛。能做到這三步的人，才能算是沒有後顧之憂的。」——把這段話告訴你的準客戶。

2 認識壽險推銷

美國壽險推銷大王坎多爾弗說：「美國有四十多萬人壽保險代理人，其保險項目與我的基本相同。然而，我不與他們競爭。你知道我為什麼不與他們競爭嗎？因為他們兜售的是繁雜且陳舊的保險觀念，而我向人們推銷思路、概念和解決問題的方式。從我首次與顧客接觸至簽訂合約，我始終在推銷思路。」

是的，壽險推銷的確是一種思路，一種新觀念的推銷。基於此，每一個壽險推銷員都應具備如下理念——

①壽險推銷是一份事業，而不是一份職業。

②人壽保險——人人為我，我為人人。
③壽險推銷是助人助己、利人利己的神聖工作。
④壽險推銷是替客戶尋找購買保險的理由。
⑤做人成功，壽險推銷才能成功。
⑥用愛推銷，阻力全無。
⑦一流的推銷員不只是滿足客戶的需求，而是會創造客戶的需求。
⑧你不是推銷保險，而是幫客戶做好保險。
⑨你不是推銷保單，而是推銷人生。
⑩壽險推銷是一項長期的事業，應秉承長期經營的原則，切不可急功近利。
⑪遭人拒絕是壽險推銷的真正開始。
⑫用知識和技術進行推銷，才能永遠得到尊敬與受人歡迎。
⑬用優質的服務代替生硬的推銷，一個客戶就會形成一個市場。

2 設定你的目標

目標是對於所期望有所成就的事業的真正決心，是你為之奮鬥的確定方向。沒有目標，不可能發生任何事，也不可能採取任何步驟。如果個人沒有目標，就只能在人生的旅途上徘徊，永遠到不了任何地方。

沒有目標，就不可能得到成功。如同空氣對於生命一樣，有了目標的「空氣」，成功的「生命」才有可能誕生。你能改變你的世界！為了得到人生中的各種願望，你要為自己樹立一些明確的目標，並且要想方設法達到這些目標。有目標才會有成功。

因此，你必須——

(1) **使自己的想法清晰化**　假設你制定當月要完成的要保客戶計畫是30人，那麼，至少每天要完成一個，然後專心致志地去實現這個目標。

(2) **制定實現目標的計畫，並訂出最後期限**　細心規劃各時期的推銷進度：每小時的，每日的，每月的。有組織的計劃及持續的熱情是力量的源泉。

(3) **真誠地希望在壽險推銷中獲取成功**　積極的心態是人類一切活動的原動力。成功的欲望會將你拖入「成功意識」，成功意識又會反過來培養出越來越強的成功習慣。

(4) **無限信任自己和自己的能力**　無論做什麼事，內心絕不承認有失敗的可能性。壽險推銷亦是如此。要想著自己的長處而不是短處，想著自己的能力而不是問題。

(5) **要有把目標進行到底的進取心**　堅定的決心是別的東西無法取代的。下決心將你的目標計畫堅持到底，不要理會障礙、批評、不利的環境，或別人會怎樣想、怎樣做。

(6) **把整體目標分解成一個個易記的目標**　現在已經知道你的目標是要向壽險推銷冠軍的寶座衝刺，有必要把「冠軍」這一總體目標分解一下，即如何具體達成「冠軍」的可行步驟。如：時間規劃方面；人際交往方面‧與客戶及準客戶的合作方面；需求增加的知識方面；完善、誠信的服務方面；達成的收入方面……如此一來，「冠軍」夢想才會具體而清晰，並具備了豐富的內涵，並非是毫無人情味及乾巴巴的數量堆積而已。

3 別忘了檢查資料袋

作為一名壽險推銷人員，行動之前，除了有起碼的心理準備外，還必須具備足夠的資料。資料是你的言行的輔助與延續的工具。沒有資料袋的行銷人員猶如沒有思想的大腦，雖夸夸其談，卻不能讓人心悅誠服。

記住：出門之前必須先準備客戶的基本資料；準備一張行銷備忘錄；一些該注意的事項、該準備的資料文件事先填入備忘錄。如此既可避免遺漏，也不致使你在客戶面前顯得手忙腳亂。

在日本被譽為「推銷之神」的原一平，曾自述了如下的一則故事——

一次，他搭計程車去辦事，車在十字路口被紅燈攔截下來。緊跟在他後面的一輛黑色轎車也被紅燈攔下，與他的車並列。從窗戶望出去，那輛豪華轎車的後座坐著一位頭髮已斑白但頗有氣派的紳士，他正閉目養神。原一平動了讓他投保的念頭。他記下了那輛車的號碼，當天就打電話到監理所查詢那輛車的主人，了解那是

F公司的車。他又打電話給F公司。接線生告訴他，那輛車是M常務董事的車子。

於是，原一平對M先生進行了全面調查，包括他的學歷、出生地、興趣、嗜好、F公司的規模、營業項目、經營狀況，以及他住宅附近的地圖。

調查至此，他把所得的資料與那天閉目養神的M先生對比起來，稍加修正，就得到M常務董事的整個雛形——一位全身散發柔和的氣質，頗受女性歡迎的理智型企業家。

從資料上，他已經知道M是某某縣的人，所以，他的進一步準備工作是打電話到同鄉會查詢資料。通過同鄉會人之口，原一平知道M先生為人幽默、風趣又熱心，並且好出風頭。待所有材料記錄到備忘錄上之後，他才正式接觸M先生本人，經過拜訪之後，很順利地簽下了保單。

一位傑出的壽險行銷人員不但應該是一名好的調查員，還必須是一個優秀的新聞工作者——在這個世界上，每一個人都渴望他人的關懷。

(1) 準備一份備忘錄

推銷前的準備工作除了備忘錄所記載的以外，若您將去拜訪的準客戶有比較特殊的嗜好或該特別注意之處，也要事先記在客戶資料上，並特別說明。

(2)**準備個人資料袋，內有——**

①保單及簽單所需的材料（保單介紹資料、投保單、建議書、費率表以及計算機、收據。）

②身分證明（身分證、保險代理人資格證書、工作證、名片。）

③有關資料（公司的宣傳資料，公司的歷史、現狀、將來的發展等，有關保險宣傳的剪報，理賠案例，客戶的資料以及名單（為增加說服力），信函（給準客戶的推薦信、感謝信），文具，小禮品等。）

在此，建議您——

養成每次出門前檢查的習慣，或在每晚臨睡前就做好事先準備。行銷工作的唯一祕訣在於事前有充分的準備工作，才能有事後出色的演出，使準客戶建立起對你的信心。

順序	項目	確定
1	客戶資料／準客戶資料	✓
2	建議書（6份）	✓
3	要保單（6份）	✓
4	市場調查表（10張）	✓
5	滿意度調查表（6張）	✓
6	印泥	✓
7	名片	✓
8	筆（紅、藍、黑、鉛筆各一）	✓
9	相關話題的雜誌或剪報	✓
10	計算機	✓
11	小禮物（3份）	✓
12	儀表儀容	✓

4 摸清準客戶的「底」

卡耐基曾說：「只要真誠地關心對方，花兩小時所獲得的友誼，遠比兩年所得到的總和還要多。換言之，交朋友的祕訣就是——自己先變成對方的朋友。」

因此，在壽險行銷界奉行這樣一條準則：與準客戶見面之前，除非把對方調查得一清二楚，否則絕不與他見面。推銷成功與否，與事前調查工作的充分與否成正比。摸清準客戶的底，有助於雙方迅速達成一致，使對方對你產生好感，從而雙方才能聲氣相通，融成一片。調查準顧客時，應該運用如下兩條原則——

〔原則一〕與對方見面前，先掌握對方的各種資料，以描繪出對方的形象。

〔原則二〕針對準客戶的形象，決定自己的對應姿態。

我們希望別人怎樣對待我，就必須先用自己所希望的方式對待別人。

原一平最初進入壽險推銷界時，有人給他介紹了一個姓N的準客戶。他只知道N先生是某工廠的總經理。除此之外，他什麼都不了解。

原一平興沖沖地前往那位總經理的家。但是，每次都被一位老人擋駕。那老人總是拿「總經理有急事出去了」之類的托辭作為理由，使他每次都見不著總經理，掃興而歸。原一平不甘心，有時他趕一大早去拜訪，有時深夜去拜訪，但一直都沒有達成目的。後來，隨著他經驗的豐富，他對N先生進行了深入的調查，才知道原來那位「老人」就是總經理本人。至此，他已光顧N先生的家71次了。

調查的結果起碼要能達到——與準客戶見面時，就對方而言，是平生第一次見到你；但對你而言，已經摸清了他的底，猶如數十年的老朋友。

1 如何摸清準客戶的底

①通過查詢，首先認清準客戶的容貌。

②準客戶的家庭情況：婚否？有無子女？子女多大？在哪兒上學？

③顧客都加入了什麼團體或組織？

④在哪裡上班？一般喜好？喜歡哪類運動（根據運動特點可分析利弊）？

⑤準客戶在單位的位置如何？有無決策權？有沒有給員工每人投保的權力？

⑥了解準客戶及其家人的性格類型，繪出相應的形象，採取對策。

——掌握了上述資料之後，可建立系統的「準客戶卡」。

Ⓐ先用較簡易的客戶資料卡片，記錄下來。

Ⓑ分析準客戶的投保可能，按1、2、3……級排列，在卡片上先標明。拜訪時，可先易後難。

2 劃分準客戶的類型

根據顧客的性格特點，可把顧客分為十個類型，即：忠厚老實型、自傲型、虛張聲勢型、精明嚴肅型、孩子氣性格型、沉默寡言型、外向幹練型、天真單純型、拘泥熱心型、狡詐多疑型。

(1) 忠厚老實型

Ⓐ對做每件事情都很實在，不到萬不得已，他們不會決定一件事該做、還是不該做。

Ⓑ對推銷員都有一種防禦心理，一般比較猶豫不決，沒有主見，不知是否該買，但通常不會開口拒絕。

Ⓒ推銷員很難取得他們的信任。但只要誠懇，一旦對你信任，就會把一切

都交給你。

(2) **自傲型**

Ⓐ愛夸夸其談，喜歡吹牛，認為自己什麼都懂，別人還沒說出觀點，他就會打斷對方說自己知道。

Ⓑ常炫耀自己，表現出比別人特殊，比別人知道得多的樣子。

Ⓒ最大的特徵是毫不遮掩，心裡有什麼就說什麼。

(3) **虛張聲勢型**

Ⓐ與上一類相似，只不過炫耀的是自己的財富。

Ⓑ認為自己有錢，不在乎錢；或即使沒有錢，但為了虛榮心，表現得很有錢的樣子。

Ⓒ不希望別人奉承他，只希望能滿足自己的需求。

(4) **精明嚴肅型**

Ⓐ比較精明，有一定的知識水平。

Ⓑ冷靜思考，沉著觀察推銷員，從推銷員的言談舉止中發現問題。

Ⓒ討厭虛偽和做作，希望別人了解他們。

Ⓓ冷漠、嚴肅，對推銷員抱懷疑態度。

Ⓔ對自己的判斷比較自信，一旦確定推銷員的可信度，也就確定了交易的成敗。

(5) **孩子氣性格型**

Ⓐ很怕見陌生人，特別怕見推銷員，怕與人接觸。

Ⓑ有小孩的好動心理，一旦接觸話題，就表現出坐立不安的樣子。

Ⓒ一旦業務員與他混熟，膽子就增大，把業務員當成朋友看待，信任也就會產生了。

(6) **沉默寡言型**

Ⓐ不愛說話，但頗有心計，做事非常細心，並且有主見。

Ⓑ表面冷淡，內心火熱。只要能與他交朋友，他就會把一切都交給你。

(7) **外向幹練型**

Ⓐ辦事幹練心細，並且性格開朗。

Ⓑ容易接近，容易取得交談的成功。

Ⓒ很坦率地把自己不購買的理由和想法說出來。

(8) **天真單純型**

Ⓐ對待任何事物都異常興奮。

Ⓑ態度認真大方、有禮貌，主動詢問有關投保的問題。

Ⓒ比較單純，只要業務員真誠、熱情、主動，就容易成交。

(9)**拘泥熱心型**

Ⓐ對任何人都有禮節、熱心、無偏見，不存在懷疑的問題。

Ⓑ對強硬的態度或逼迫的態度比較反感。

Ⓒ不喜歡別人拍馬屁，奉承他。

Ⓓ對彬彬有禮的知識分子及勤學、誠懇的人特別尊重。

(10)**狡詐多疑型**

Ⓐ生性多疑，擔心上當受騙。

Ⓑ生活和工作中比較憂鬱、煩惱，並且令別人討厭，很少有朋友。

Ⓒ不信任別人，很狡詐。

記住：在劃分準客戶類型時，要注意多種類型並存的可能，另外還可根據年齡和職業做劃分，以採取相應的對策。

5 接納正確的推銷建議

成功者總是善於接納別人的批評與建議。

推銷之神原一平說，接納別人的批評與建議，既是你謙虛的表現，同時也是你反躬自省，邁步走向成功的保證。

如果說真正做到坦誠地接受別人的批評還比較困難，那接受別人的經驗之談或建議則應是求之不得的事。因為別人的經驗之談或建議可幫你走彎路，更快、更有效地實現目標。

推銷之神原一平為徹底改變自我，做一名優秀的壽險推銷員，別出心裁，策劃了一個批評自己的集會。批評者由自己的投保戶組成。他的建議得到了保戶們的爽快應允，第一次「原一平批評會」終於開幕了。

投保的客戶們直言指出：

——你（原一平）的個性太急躁了，常沉不住氣。

——你的脾氣太壞，而且粗心大意。

——你太固執，常自以為是。這樣容易失敗，應該多聽別人的意見。

——對於別人的托付，你從不知拒絕。這一缺點務必要改進，因為常言道：「輕諾者必寡信」。

——你面對的是各色各樣的人，所以必須有豐富的常識。你的常識不夠豐富，所以必須加強進修，以便成為別人的「生活指導者」。

——待人處事千萬不能太現實、太自私，也不能要手段，一切都要誠實。人與人之間的關係，只有誠實才會維繫長久。

原一平把這些可貴的「逆耳」忠言——記下，隨時反省並勉勵自己。

從一九三一年到一九三七年，「原一平批評會」共連續舉辦了六年。原一平也由這六年的批評建議中不斷反省、改正自己，並最終成為世界級的推銷大師。

請你接納以下的十七項建議，使你成功地邁上壽險銷售之路——

〔建議1〕跟幾個比較談得來的同事組成一個聚餐會，每個星期至少聚餐一次，大家互相交換銷售心得和技巧。如果可能，不妨讓其他壽險公司的業務員也一起加入。

【建議2】購買日常用品時，借機求見商店的老板，呈上你的名片，向他說明你的職業性質、單位地址和聯絡電話號碼，為以後的拜訪做好鋪墊。

【建議3】找機會結交一些專業人士，尤其是律師。因為許多人在投保之前，都會想尋求律師的意見，你可以把這些人介紹給律師朋友。相信他們如遇到一些人有意投保，也會介紹給你。

【建議4】抽出一些時間，坐下來策劃行動計劃，不要以沒有時間為藉口。

【建議5】不要放棄老年人的市場。許多上了年紀的人可能沒有必要為自己買保險，但他們可能會有成群的兒孫非常需要教育保險、人壽保險及意外保險等產品。

【建議6】找機會為社團或組織主講一些跟保險有關的課題；即使不到五個人出席也照講。這是個突出本身形象的機會。別忘了跟出席者交換名片，方便以後聯絡。

【建議7】跟投保客戶保持聯繫，登門拜訪他們，以示關懷。接觸多了，相互間熟悉了，你就可以請求他們介紹準客戶。

【建議8】如果你向一個人推銷了很久，他還是拒絕投保，那就擬一封措詞和緩的信，列出他必須投保的理由、應該投保的數目及所需的保費。這樣做，可以使他牢牢記住投保的必要，同時讓他在一個單獨又沒有外界壓力的情況下考慮。如果有一天他考慮清楚之後，找你簽一份保單將是理所當然的。

〔建議9〕 假如你獲悉某個人（客戶或他的親友）生病正在住院，就去探訪他，嘗試找出有哪一種保單適合他。有一天，病人出院了，他肯定會找你研究如何更全面地進行投保。

〔建議10〕 嘗試賣「要人保單」給服務性行業的重要負責人。許多出賣專業知識的服務性行業，例如律師、會計師及專科醫生等專業人士，這個人萬一有個三長兩短，其業務肯定會遭遇危機或完全停頓。因此，這類公司非常需要「要人」保險，也就是「主腦人物」保險。

〔建議11〕 在物價高漲的時刻，向那些經常留意通貨膨脹趨勢的準客戶推薦那些保額會隨投保年數增加的保單。

〔建議12〕 主動跟其他銷售業，如產業經紀、股票經紀及直銷界人士交換顧客名單。他們的客戶很可能需要投保，你的投保客戶也可能想購買他們的產品。

【建議13】利用你的消遣時間找出客戶。你可能喜歡釣魚、游泳或打太極拳，那就向那些跟你有共同愛好的人士招保。因為大家既然志同道合，你一定會事半功倍，更不怕找不到開口的話題。

【建議14】要有鍥而不捨的精神，一定要有不到黃河心不死的決心。一項調查顯示，有48%的銷售員登門招保，失敗一次就放棄；後面25%失敗多次，仍然不放棄。但是，這25%的推銷員卻做成大批的生意。

【建議15】訓練自己成為一名傾聽者。下一次見準客戶時，嘗試著讓對方多說一些，你耐心聆聽。你將發現，自己講未必好過聽別人講。更不要以為聽別人講話很簡單。你必須用心聽，才能夠深入了解對方的投保需求，幫他解決問題。

【建議16】跟其他銷售行業人士交換銷售經驗和心得。所謂「三個臭皮匠，賽過諸葛亮。」這種不花錢的方法可使雙方受益匪淺。

【建議17】向優秀的同行或上級主管借鑒他們的經驗。

6 記住26個英文字母

每個人都渴望成功，因為成功帶來的不只是財富、名聲，更是對自我的肯定。所以，每個人都在尋找成功的機會。

從事保險推銷能成功嗎？

答案是肯定的。

那麼，什麼是正確的推銷態度？正確的推銷態度貫穿於壽險推銷過程的始終，包括方方面面，它主要體現在下以的26個單詞中。

A．抱負 Ambition。為了你本身以及家人，這偉大的抱負是不可或缺的。

B．利益 Benefits。銷售時必須強調這一點。這樣，客戶才會心甘情願地支付保費。

C．勇氣 Courage。推銷壽險一定要有很大的勇氣。否則，你的生意注定會停滯不前。

D．決心 Determent。要實現偉大的理想，必須勇於向挫折及困難挑戰。

E．熱情 Enthusiasm。熱情是一切動力的添加劑，它不僅可以使你自己信心百倍，也能使客戶信心十足。

F．事實 Fact。招保時一定要有實際的資料。這將使客戶對你產生信心，同時也能提高你對外的專業形象。

G．毅力 Gusts。毅力是一切成功的基石。

H．真誠 Honesty。很多時候，客戶對你產生信任是因為你真誠的品性。

I．我 I。在壽險推銷中，你應該格外謹慎使用這個字眼。不要夸夸其談，大談「我」如何如何，這樣你會變成一個討厭鬼。

J．菩薩心 Joss。壽險業務員應該牢記的是，你從事的是一項行善的工作，要將愛的關懷帶給所有的人。

K．敏捷 Keenness。壽險業務員必須敏捷地回應客戶提出的任何問題和看法，你應能很恰當地給予解答。

L．忠貞 Loyalty。如果你是一位專業的壽險經濟人，你不但要忠於公司、更要忠於客戶。

M．精神上的力量 Mental。亦即本身的處世態度，樂觀抑或悲觀？樂觀的思想可使你積極向前，悲觀者則自我毀滅。

N．不 No。當準客戶說「不」時，你不要絕望。你應該認為，這是面對另一個挑戰的開始。

O．異議 Objections。別急著反駁，把它轉化為非買不可的溝通機會。

P．客戶 Propects。客戶是生意的主要來源。你要有一套系統及周密的計畫去尋找更多的客戶。

Q．發問 Questions。發問可幫你找出問題的癥結，這無形中會幫助你的銷售工作，你所遇到的問題也可以由此得到解決。

R．控制 Rideness。招保時，碰到客戶抱怨，你要善於控制他的不滿。然後分析客戶不滿的原因，用你的專業知識解決他的疑惑。

S．持續 Sequence。對你來說，不管生意大小，你都要高興地接受。為了提高業績，你要持續不斷地招保。

T．思考 Thought。你必須時時刻刻地思考。人在一生中，往往只發揮了5%的潛能，因此，還有95%的潛能有待你去發揮。不要太怠惰了，應該有效地掌握自己的時間，就如掌握了自己的前途。

U．利用 Utilize。你要充分利用所有的資源，幫助你達到銷售的目的。

V．自負 Vanity。不要太過自負，否則你將停滯不前。自負的業務員將是一名注定失敗的業務員。

W．言辭 Words。妥善地運用你的言辭，因為從你所表達言辭中，客戶可知道你的為人。你是支配自己言辭的人，語言對人格有重大的影響，若善於利用，它將間接地幫助你完成交易。記住，不要成了言辭的奴隸。

X．額外 Extra。你要輕易給自己增加額外的負擔。記住，不要輕易對你的準客戶許諾。兌現不了，反而會降低你的信譽度。

Y．你 You。如果你不能圓滑地使用「你」，那麼最好使用「您」。這樣，無論在哪一方面都能討好的。

Z．熱忱 Zeal。每天都要以熱忱的態度從事你的工作，則一切壓力將會隨之減少。

——牢記上面這26個英文字母的單詞。每天至少默背一遍，讓這些正確的態度深入你的潛意識。當你碰到類似的情況時，要不由自主地運用它們。

7 樹立良好的售後服務意識

是否具備良好的售後服務是決定一個企業或銷售行業能否占領市場、擴大客群、增加營業額的關鍵。

人壽保險事業更應重視完善的售後服務。這對於公眾及保險公司，對於整個社會的保障機制都有巨大的作用。保險公司通過有效地使用和管理公眾的保險費，獲取優良的成績，既有利於投保戶，也可使公司健康發展。公眾在購買保險後，達到轉嫁風險、降低風險和強制儲蓄的目的，同時也使整個社會的保障水平獲得提高，社會的保障機制更加合理和富於彈性。

良好的售後服務可以通過公司的途徑實現，也可以通過壽險代理人或業務員實。業務員的形象往往代表了公司的形象。因此，作為一名壽險行銷人員，要想獲得客戶的持續信任，擴大業績，非得具備良好的售後服務不可。因為——

(1) **良好的售後服務，是業務員未來事業的主要途徑。**

要在已有的保戶身上拓展業務，必須以良好的售後服務為前提。它是使客戶持介紹客戶。

續信任你的必經途徑。有了相互的信任，可以讓保戶增加保額，讓客戶由衷地為你

(2) **良好的售後服務是業務員獲得持續穩定收入的保證。**

要保時較高的續保率，以獲得持續穩定的收入，沒有良好的售後服務是辦不到的。良好的售後服務是樹立公司及業務員良好形象的必經之路。

記住：提供良好的服務是壽險業務員唯一的生存之道。

一位剛加入壽險業的年輕人在最初一段時間連續猛攻，發展了一些客戶，但忽視了售後服務。許多客戶打電話想進一步諮詢，他卻忙於開拓市場。但市場的開拓難度大、效率低；隨著時間的推移，他的體力及精力也下降了，無法再堅持下去。

就在他準備放棄時，一位經驗豐富的業務員告誡他在服務上下工夫：「推銷人員保持永遠不敗的道路只有一條——在服務上下工夫。回頭去，認真地和你的那些客戶聯絡感情，回答他們的疑問，滿足他們的合理需求，他們就會給你開出一個長長的準客戶名單。」

年輕人理解了這些話。不久，他的業績又重新直線上升，並且幹得輕鬆自如。

(1) 牢記以下的服務術語

——良好的售後服務是相當便宜的廣告方式。

——服務拜訪通常會帶給你意想不到的「新銷售機會」。

——由於你的服務信譽好，你的「客戶來源中心」會更樂意幫助你。

——提供良好的售後服務可以使壽險推銷業更具意義。

——客戶會比較保費及保單利益，但真正在乎的是比較「服務」。

——準客戶購買的你的保單時，也希望真正購買到你的「服務」。

——通過業務員與郵購、網路、電視購物所做的壽險推銷，唯一不同的就是「人的服務」。如果你忽略它的區別，就會把業務員的路徑斷送掉。

——良好的服務品質可以消除競爭及因誤會或粗心大意所引起的問題。

——服務會迫使業務員必須了解影響客戶權益的現行法律和規定。

(2) 按以下原則辦事

①客戶要求你重新解釋時，一定要有耐心。

②售後服務中，辦事不拖拖拉拉。

③保單賣出後，對客戶態度不應冷漠、言而無信。

④不與客戶發生爭執，推諉責任，埋怨客戶；不過河拆橋。

⑤別忘了隔一段時間給你的客戶打電話問候一聲，或順路問個好。

⑥定期拜訪你的客戶（服務拜訪），聯絡感情，增加信任度。

⑦逢年過節，別忘了給你的客戶寄去一張小賀卡或一份小禮物。

⑧公司有新產品或新規定時，別忘了及時告訴你的客戶，讓他知道你時刻關心著他。

⑨服務時，一定要保持原有的熱情。

ch.2
「形象」是最佳的介紹信

○好的形象是你的介紹信，也是你的通行證。

●一個人形象的好壞，決定了與他人溝通、合作的成敗。

○良好的形象是你獲取準客戶信任的第一道門檻。

1 服飾

「服裝是推銷員的推銷員，服裝是推銷員的品牌和徽章，服裝甚至左右著推銷員的成功與否。」在現代社會中，服裝是一個人社會地位、經濟狀況、內在修養及氣質的集中表現，顧客對推銷員的第一印象很大的程度上依據推銷員的服飾。弗蘭克・貝德格在《我是怎樣成功地進行推銷的》一書中說：「初次見面給人的印象，90%產生於服裝。」

❶ 借鑑原一平的「著裝八要領」

①與你年齡相近的穩健型人物，他們的服裝可作為你學習的標準。

②你的服裝必須與收入、場合、時間等因素配合，自然而大方，還得與你的身材、膚色相搭配。

③衣著穿得太年輕的話，容易招致交涉對方的懷疑與輕視。

④正在流行的服裝，最好不要穿。

⑤如果一定趕流行，也只能選擇較樸實無華的。

⑥要使你的身材與服裝的質料、色澤保持均衡狀態。

⑦太寬或太緊的服裝均不宜，大小必須合身。

⑧切記「身體」為主，「服裝」為輔。如果讓「服裝」反客為主，你本身就變得無足輕重了（貴在穿出氣質，只有氣質才是你自己的）。

2 借鑒馬利的「成功的穿著」

服裝權威馬利在《成功的穿著》一書中指出以下幾種成功的穿法：

①避免穿著太新潮或誇張的衣服。因為新潮的服飾常常在變，給顧客一種不穩定、不太成熟和不可靠的感覺。

②參加正式的商業洽談或較嚴肅的銷售會議，應穿深色服裝。

③衣服配件，如領帶、珠寶、掛件等應力求簡單大方。華麗庸俗的裝飾品只能給人一種不實和難以信任之感。

3 著裝要因人因地置宜

日本「朝日生命」的壽險大師齊藤竹之助曾說：「因情況或對象的不同，有時我一天之內要換好幾次衣服。因為我認為穿著要講究T、P、O，即根據時間、地點、場合，選擇相應的服裝。」

一般說來，著裝的選擇要因人因地而置宜，切忌千篇一律「裝」。

(1) 拜訪大單位、大公司時的著裝

著裝切忌隨便與隨性，中規中矩反而會贏得信任。男性宜穿白色或淺色襯衫，打領帶及深色西服；女性宜穿套裝或套裙。

因為在這些場所工作的客戶相對來說檔次較高，他們平時的穿著較為講究，如果壽險業務員穿著隨便或過於寒酸，會給人造成檔次上的差距，難以迎合他們的口味。因此，壽險業務要穿著莊重，顯出專業品味。

(2) 走家串戶，拜訪客戶時的著裝

著裝要顯出生活中的感觸。男性上衣可穿夾克衫，下面穿西褲即可；也可穿休閒西服，紮領帶，大方中顯出氣質。女性衣衫不一定為套裝，但要搭配得當、得體，切忌艷俗。

因為業務員此時接觸的是家庭，白天只有家庭主婦及退休的老人在家，晚上則是休息時間，如果你著裝太整齊、太高檔，反而顯得與其格格不入，太正式會造成不必要的差距。

(3) 到工廠、鄉下時的著裝力求隨鄉入俗，不要太正式

因為這些人平時上班穿工作服，如果業務員穿質地考究的衣服，如著西裝、打領帶，進入他們的工作場所，與他們很不協調，他們會覺得你太「貴族化」。這樣容易產生距離感，溝通起來比較費力。

2 儀容

儀容，指一個人的容貌與儀表。在人際交往中，彼此首先是通過視覺，注意到對方的外貌。因此，外貌成為影響人際吸引的第一個因素。外貌對於人際吸引的作用是無意識的、微妙的。這種作用特別是在陌生人初次見面時，更顯得如此。

卡耐基說：「形成你如今模樣的概率是30兆分之一；縱使你有30兆個兄弟姐妹，他們還是同你有相異之處，你仍然是世界獨一無二的。」

容貌長得如何是次要的，儀表的整潔清新才是最主要的。整潔清爽的儀容不但會讓準客戶心生好感，也會讓自己心情舒暢，更有精神。

日本推銷之神原一平曾訪問美國首都保險公司

該公司副總經理史密斯先生問他：「你認為訪問準客戶之前，業務員最重要的工作是什麼？」

原一平答道：「照鏡子！」

「照鏡子？」

「是的，你面對鏡子與面對準客戶的道理是相同的。在鏡子的反映中，你會發現自己的表情與姿勢；在準客戶的反應中，你也會發現自己的表情與姿勢……我把它稱為『鏡子原理』——當你站在鏡子前面，鏡子會把你的形象全部還給你；當你站在準客戶面前，準客戶也會把你的形象全部看在眼裡。當你的內心希望準客戶有某種反應時，你把這種希望反映在如同鏡子的準客戶身上，然後促使此一希望回到你本身。」

❶ 從臉做起

(1) 每天都要刮鬍鬚

潔淨的面孔留給他人爽朗、精神、果斷的印象。試想，一個鬍子拉茬的人，給人的印象只能是疲憊、邋遢以及髒兮兮地。

(2) 整理頭髮

除定期到理髮店外，還須每天早晚梳理兩次。勤梳頭不僅修飾你的儀容，還能激活毛囊細胞，促進頭皮的血液循環。

(3) **練習微笑**

微笑可使每一個細胞都活動起來。「笑一笑，十年少。」就是這個理。微笑於人於己都有益。「一副好的面孔就是一封介紹信。」擁有真誠的微笑，就能深入人心，擁有準客戶的心。

2 原一平式的「整理外表八原則」

①外表決定了別人對你的第一印象。
②整理外表的目的在於讓對方看出你是哪一種類型的人。
③對方通常會以你的外表決定是否與你交往。
④外表對你的魅力影響甚大。
⑤站姿、走姿、坐姿是否正確，決定了你讓人看起來順不順眼。不論何種姿勢，基本要領是脊椎挺直。
⑥走路時，腳尖要伸直，不可往上蹺。
⑦小腹往後收，看來有精神。
⑧好好整理你的外表，會使你的優點更突出。

3 肢體語言

肢體語言是人類的第二語言，它散發著無言的信息，會在不知不覺中影響一個人對你的觀感。當你處在不說話的狀態中，93%的信息就是從你的表情及坐姿上流露出來——外表占55%，臉部表情占35%，坐姿或站姿占3%。

作為一名專業的壽險行銷人員，尤其應注意自己的「第二語言」。千萬別因為無意識的不良習慣流露，使你的準客戶悄然離去。

優雅得體的「第二語言」可以使一名壽險行銷業務員在無聲的「談判」中捕獲客戶的心靈——讓它與你一起律動。

❶ 矯正你的站姿

①視線保持水平，輕輕地縮緊下巴，不東張西望。

②膝蓋併攏，腳跟靠攏，兩腳形成的夾角應為45～60度左右。

③挺胸收腹，伸直後背。

④手可以相疊放於腹前，也可自然垂直放下。

習慣成自然，每天只要堅持如上作法半小時，你的站姿必會大為變觀。

❷ 端正你的坐相

古人云：「站有站相，坐有坐相。」

那麼，你的坐相如何？正確的坐相又應該怎麼樣呢？

①坐下時，要坐滿椅面；背部不能躺靠在椅背上，應採微微前傾的姿勢。

②坐下之後，兩腳膝蓋張開約一個拳頭的距離。切勿像女性一般，將雙腳併攏；但也不要張開太大。

③坐沙發時，要坐前一點，不可躺在沙發背上。

④坐椅子或沙發，都切忌不要蹺二郎腿，也不要不停地搖晃身子或抖腿。

3 糾正你的步伐

①良好的步伐要自如、輕盈、敏捷、矯健。
②行走中要昂首、挺胸、收小腹、眼睛平視，肩平身直。
③雙臂自然下垂擺動。
④切忌斜著身子走，不可左顧右盼。
⑤切忌含胸挺著肚子。

4 打開心靈的窗戶

「眼睛是心靈的窗戶。」壽險行銷人員尤其要注意運用你的眼睛。當你的視線不集中，或東張西望，或呆板發滯時，不利於行銷。正確的視線應該是——

①與男性交談時，視線的焦點要放在對方的鼻子附近。如果對方是已婚女性，注視對方的嘴巴；如果是未婚的小姐，則看對方的下巴。
②視線的範圍可擴大至對方的耳朵及領口附近。
③聆聽或說話時，可偶爾注視對方的眼睛。忌盯著不放，會引起對方反感。

4 微笑

微笑是人與人之間的友好通行證。

微笑是疲倦者的休息室，沮喪者的興奮劑，悲哀者的陽光。微笑不僅能帶給你許許多多好處，而且能讓你體會到人生中與人相互信任的美妙。

面掛著一張微笑的臉，以輕鬆愉悅的心情與你的客戶談話，即便是過去很棘手的問題，現在也變得容易了。當你微笑的時候，別人會更喜歡你。而且，微笑會使你自己也感到快樂。它不會花掉你任何東西，卻可以讓你賺得任何股票都分不到的紅利。

在你的壽險行銷中，加入真誠的微笑，用微笑面對客戶，接受拒絕，或許你會有意想不到的大穫——人人都能笑，但並不人人都會笑。

弗蘭克林．貝特格是美國最著名的壽險推銷人。他在走進別人的屋子之前，總是停留片刻，想想能讓他高興的事。於是，他臉上便會展現出開朗、由衷而熱情的微笑。當微笑即將從臉上消失的剎那間，他推門進去。

推銷之神原一平曾經假設各種場合與心情，面對著鏡子，練習各色各樣的笑。他找了一個能映現出全身的特大號鏡子，每天利用時間，不分晝夜，勤加練習。

有幾次，他邊走路邊齜牙咧嘴地練習微笑。隔壁的一個太太看見了，急忙跑去對他的妻子說：「你家先生是不是神經有毛病了，怎麼老是傻呵呵地樂呀！」

1 認識笑的種類

推銷之神原一平曾統計過自己在推銷過程中的笑，計有38種——

①發自內心的開懷大笑
②感動之餘，壓低聲音的笑
③喜極而泣的笑
④交談時，取悅對方的諂媚之笑
⑤逗對方轉怒為喜的笑
⑥感到哀傷時無可奈何的笑
⑦安慰對方的笑
⑧哭在心裡，笑在臉上，那是虛為的笑

⑨岔開對方話題的笑
⑩消除對方壓力的笑
⑪充滿自信的笑
⑫表現優越感的笑
⑬發愣之後的笑
⑭重修舊好的笑
⑮兩人意見一致時的笑
⑯吃驚之餘的笑
⑰意外之後的笑
⑱嗤之以鼻的笑
⑲折磨對方的笑
⑳挑戰性的笑
㉑大方的笑
㉒含蓄的笑
㉓誇張的笑
㉔逼迫對方的笑

㉕假裝糊塗的笑
㉖心照不宣的笑
㉗含有下流味道的笑
㉘嬰兒般的微笑
㉙滿足時的笑
㉚遭人拒絕時的苦笑
㉛壓抑辛酸的笑
㉜無聊時的笑
㉝話中帶刺的笑
㉞鬱鬱寡歡時的笑
㉟熱情的笑
㊱冷淡的笑
㊲自認倒楣的笑
㊳使對方放心的笑

❷ 壽險高手的笑

就業務員而言，「笑」是非常重要的助手，它可以至少帶給你以下的好處——

①把友善與關懷有效地傳達給準客戶。

②拆除你與準客戶之間的「籬笆」，敞開對方的心扉。

③可以消除對方的戒心與不安，以打開僵局。

④感染對方，創造和諧的交談基礎。

⑤建立準客戶對你的信賴感。

❸ 練習微笑的方式

①每天早晨對鏡練習微笑三分鐘——自然為佳。

②上、下班時對所有同事報以真誠的微笑——強調「真誠」二字。

③對陌生人微笑點頭，態度要大方親切。

④對你的「敵人」微笑，態度要淡定豁達。

5 握手

握手是現代人最起碼的禮節。

握手既是禮節，同時也是推銷你自己的第一封介紹信。堅定熱情地握手，代表自信、熱誠，開放與誠懇；軟弱靜止地握手，代表冷漠、含蓄與無力；如果強有力、無分寸地強捏，則代表獨裁與粗野。

行銷人員能正確地握手，表達一種無聲的肢體語言，傳達了坦誠與關懷，伴隨著真誠的微笑，猶如一股煦暖的春風，使他人在不知不覺中笑納你給予的一切。

湯姆中學畢業後，選擇了壽險推銷職業。在培訓課上，老師傳授他兩件法寶：一是如何與準客戶握手，一是如何運用微笑。

湯姆起初認為握手不是什麼行銷利器，沒有放在心上。一天，他拜訪一位準客戶。進門時，他微笑著說：

「您好！我是××公司壽險行銷員，湯姆……」

準客戶看了他幾眼，說：「知道啦！我不需要保險！」

不言而諭，他被轟出了門。

老師知道後，分析了癥結，告訴他該如何如何做……

湯姆著裝整齊，第二次到那位準客戶家。他很有禮貌地敲門。主人開門後，湯姆滿面笑容地說：「您好！」同時邁出右腿，向前跨出一步，堅定地伸出右手。那人不由自主地也伸過自己的手，與湯姆對握。

「我是××保險公司的湯姆……」湯姆有力且堅定地握了握那位準客戶的手。準客戶也用力地回握了他，並熱情地邀請他進屋細談。湯姆終於成功了。

正確的握手姿勢應是——

①右腳跨前一步，身體微微前傾。

②與對方對握時，待對方握緊，你再用勁回握。

③小幅度範圍內，用力「上下搖動」兩次，稍微停頓後，立即鬆手。

④面帶微笑，真誠地注視對方。

⑤男女握手時，須等女方先伸出手來，男士才可以與之握手。

⑥當你伸出手，而對方沒有握手的意思時，你不要不好意思，更不能因此而尷尬，主動地收回手就是了，並應依然面帶微笑。

ch.3

調控情緒，創造新境界

○情緒是能量的調節器。在一個群體裡面，情緒能使你自動地聚集能量，應付惱人的緊張因素。若把群體比喻成一個儲存巨大能量的罐子，那麼，情緒控制就是開啟這些能量的閥門。

1 克服恐懼

恐懼是人類的一種基本情緒，也是自我防衛的工具，每個人都會受到它的影響。作為壽險推銷員，在你初次步入推銷領域時，這種恐懼會表現得相當明顯，因為你面對的是陌生的面孔，又加上推銷工作本身所具有的難度。這時候，你的目標不是避免產生恐懼，而是認識它，控制它，使它為你所用。

恐懼多半是心理作用的結果，具有很強的破壞性，是成功之敵。恐懼會阻止你抓住機會，耗損你的精力，破壞你身體器官的功能，使你生病、縮短壽命；恐懼會在你想說話的時候封住你的嘴巴，使你心神不定，缺乏信心。

推銷之神原一平說，恐懼是推銷員的天敵。

但到底要如何才能克服恐懼呢？

你不妨從以下幾方面去做——

(1) **擁有信心**　你要有這樣一個認識：信心完全是訓練出來的，不是天生就有。你所認識的憂慮、克服恐懼，無論何時何地都泰然自若、充滿自信的人，全都是訓練出來的。

(2) **立即行動** 有了信心就要馬上去行動。行動可以治癒恐懼、猶豫，拖延則會助長恐懼。掌握以下常見的恐懼及克服的方法——

①對陌生人的恐懼。克服的辦法：想像他跟你一樣，都是通情達理的人，你是為他推銷保險，奉獻愛心，有什麼可怕呢？

②害怕失去一位重要的客戶。克服的辦法：加倍努力，提供更好的服務，改進任何會使客戶對你失去信心的缺點。

③開口拉保險，十分在意別人怎麼想，怎麼說……克服的辦法：要這麼想：兩個同樣重要的人物面對面討論有關生活保障的事，有什麼可怕的？「行事正當」能使你的良知獲得滿足，因而建立信心，戰勝恐懼。

2 驅逐緊張

什麼是緊張呢？

緊張是生活情境中面對威脅性或不愉快的因素產生的情緒反應，同時也反映了一定環境的壓力和人對這種壓力的反應。

緊張對人有極大的危害作用。

一個人如果長期處於緊張狀態，就會降低身體免疫系統的抗病能力，使他不能有效地適應外界環境，從而罹患各種疾病，也會破壞一個人的形象和信心，對所從事的工作心中沒底或處於慌亂之中，從而影響工作效率。

如果你是一個患有緊張症的人。那麼，有沒有辦法克服呢？答案是肯定的。請你從以下幾方面入手訓練，驅逐緊張。

1 用催眠法驅逐緊張

如前文所言，你之所以患有緊張症，是由於現代生活的高節奏、高效率、強競爭所造成的「壓力症」而導致的。任何一個人，一生中不可能沒有壓力。

一個現代人所面臨的壓力很多。你往往要身兼數「職」：在家庭中，你也許負有丈夫及父親的職責。在公司，你又負有推銷業績的責任，而且這種壓力又將被細分化。例如，你每天要面對各種各樣的客戶，還要應付各種理賠，以及與公司、你的主管之間的聯繫及同行之間的競爭等等……這全是造成你緊張的壓力源。

下面的這套催眠訓練法是專門針對現代人的壓力症而設置的——

找一間比較安靜的房間，有沙發或床。

調整自己的吸呼，端坐或仰臥在床或沙發上。

閉上眼睛，心中默念背景公式：此時我很平靜，我的情緒完全由我控制，什麼都干擾不了我。此時我很平靜……平靜……靜……

我的右手很沉重……很沉重……越來越沉重……沉重……重……

靜靜地體會右手沉重的感覺。

接下來：我的全身很沉重……很沉重……放鬆……鬆……

呼吸很輕鬆，非常輕鬆……輕鬆……鬆……
我睡著了。天地混沌，迷迷濛濛，除了虛空，什麼也沒有，只有我在飄呀……飄呀飄……飄……

①此方法適合於你感到惶惶不安或心情煩悶時。
②每一步約2～3分鐘，大約20分鐘左右。
③做到心無雜念。

2 用轉移法驅逐緊張

對於輕度緊張，可採用轉移法予以消解，如用閱讀、書法、繪畫、養花、釣魚等進行自我調節，鬆弛緊張狀態。

通常走路、散步或打球等活動也不錯，它除了能解除壓力，還可以增強體力。
另外，還應當養成有規律的生活習慣，適當地增加營養，提高意志能力。

3 駕馭憤怒

大銀行家斯提爾曼，某次正在狠狠地痛罵銀行裡的一個高級職員。這位可憐的職員站在他面前的時候，他坐在寫字枱後，擺出冰鐵的面孔，一支鋼筆在他的手指間穿梭，一上一下，不停地在桌上敲著。他就這樣，不動也不換聲調，用一種冷嘲熱諷的口吻，對著這個職員嚴厲地痛罵著。最後幾句話尤為殘暴，以至於那不幸的職員只能戰慄，大顆的汗珠布滿額上。

這次的痛罵是當著一個客人的面。那客人覺得太可怕了，於是他忍不住說出來：「斯提爾曼，我一生中從沒有看過像你這樣粗暴的人。這個人在你銀行裡身居重要的職位，而你當著一個生客的面侮辱他！假如他現在拿起刀殺死你，我都不會覺得稀奇！一個人不能如此對待別人，或是任自己這樣放縱。我想我的神經幾乎快崩潰了，不能再留在辦公室裡了！」那位客戶說完就走了。

斯提爾曼為失去這位客戶非常懊悔，儘管他只是對自己的職員發怒。

憤怒分為三類：主觀憤怒、客觀憤怒、人際憤怒。

通過以下的自測題，你就可以了解自己的憤怒歸類，對症下藥。

每一小題都是實際發生在你身上的情景，得分在1～10分之間。沒有反應得1分，狂怒為10分，稍微憤怒得2～3分，比較憤怒得4～5分，大怒得6～7分，非常憤怒得8～9分。根據你的實際情況，給予適當的得分。

〔主觀憤怒〕

①與數字打交道時，你很容易出錯，而這些錯誤本可以避免。

②你把東西放錯了位置，於是不得不花大量時間找它。

③你急促地趕去開會，但忘了帶必要的資料。

④和客戶約定好見面的時間，你卻睡過了頭。

⑤你把一封信放在文件夾，卻忘了把它投入郵筒。

〔客觀憤怒〕

①你的推銷業績每下愈況。

②你的客戶剛投保幾天，便要求退保。

③你的客戶投訴你服務不佳。

④因交通堵塞，你沒有拜訪成一位重要的準客戶。

〔人際憤怒〕

①由於你的業績很好，同行在背地裡說你的閒話。

②你正與準客戶面談，這時進來一位第三者說有關保險的壞話。

③客戶無緣無故為難你，挑你的刺。

④你對準客戶好話說了一大堆，但他仍然拒絕，並對你冷嘲熱諷。

⑤你跟同事打招呼，他卻無視於你的存在。

每部分總分大於50分，說明你對那種憤怒特別敏感；小於20分，說明這種憤怒對你不是什麼問題。

要學會用自我暗示法控制憤怒。當你準備發怒時，請想想這些話——

——發完這些火，我能解決什麼問題？

——蠢人才會發怒，我是一個蠢人嗎？

——能不能用冷靜或微笑的方式代替憤怒呢？

在此，建議你——

積極的心理暗示，在一定的程度上能消除憤怒。「冷靜、冷靜，我一定能駕馭我的情緒，因為我要成功，我要成為一名優秀的壽險高手。」

4 擺脫抑鬱

有位心理學家曾幫助一位病人停止做「心理與精神上的自殺」——抑鬱症。那位「病人」人近四十，有兩個孩子。她患有嚴重的抑鬱症，覺得生命中的每一件事是不愉快的經驗。她不記得自己曾有過快樂，一切的一切，都被她想得很灰暗。由於她對過去的回憶左右她現在所看到的色彩，所以她只能悲觀地看到黑暗。

心理學家拿出一幅畫，問她從畫中看到了什麼。她說：「一個可怕的雷！」其實那張油畫的畫面是接近地平線的太陽，以及鋸齒狀的岩石海灘。這幅畫可以理解為日出，也可以理解為日落。這位心理學家評論說：一個人對畫面的解釋，可以反映出他的性格。大部分人都說這是日出，但那些抑鬱者幾乎都會說那是日落。

心理學家幫助她儘量回想她可喜且愉快的往事，避免去碰灰心的回憶。六個月後，她的心理狀態開始有所改進。心理學家留給她一道特殊的作業：每天想出並填寫必須快快樂樂的三個明確的理由。每周見面一次，跟她一起仔細檢討一周的作業。又進行了三個月，那個婦人已經很適應自己的處境，變得相當積極，像大部分人一樣快樂。

1 抑鬱時要振奮精神

「沒有人會因倒下或沮喪而失敗，只在他們一直倒下或消極時才會失敗。」抑鬱時，你要更加振奮精神。那麼，如何才能做到這一點？

第一、承認你很憂鬱。

第二、要明白很少有不可彌補的情況。

第三、要知道情況是暫時的。

第四、要設定你憂鬱的期限。

對於比較不重要的事，只要把抑鬱的時間縮短為兩個小時就夠了。其實，如果你想到與其到兩個小時後才積極，為什麼不現在就積極呢？只要你這麼想，你就已經開始積極了。

❷ 不要製造心理怪物

要拒絕從你的「記憶銀行」裡取出不愉快的想法。每當回想到任何處境，要專注在美好的部分，把不好的部分忘掉。如果你正在想一些消極的事，就要完全停止你的思想，暫時放空一切。

①儘量多參加公眾的活動、讀書會以及去參加美術展覽、聽演講，多與充滿活力的人接觸，養成積極主動的習慣。

②保持滿足感，想想比起那些倒楣的人，自己多麼幸福。自我暗示，我搭公車，外面還有走路的人呢！這樣能使人心情舒暢。

③面臨困難、煩惱時，要積極處理自己所能辦到的事，不要耽擱下去。

❸ 借鑒卡耐基的「走出抑鬱法」

〔第一步〕問你自己，可能發生的最壞情況是什麼？

〔第二步〕如果你必須接受，就準備接受它。不要猶豫。

〔第三步〕可能的話，全部或暫時脫離目前正在做的事，休息一陣子，也可以出去度個假然後重新投入。

5 控制狂躁

狂躁是個性不成熟的表現，屬於消極情緒中的偏激主義者。

狂躁類型的人通常丁是丁，卯是卯，過於認真，又缺乏恆心，對一點小事往往心存芥蒂，耿耿於懷，人際關係不佳，容易受他人的言行刺激。

狂躁容易給人一種假相。有這樣一則寓言故事——

風與太陽打賭，風說它最厲害，太陽說它最厲害。風與太陽決定比一比，看誰能把路人的衣服脫下來。風說完就氣勢洶洶，猛起勁來，朝一個行路的人吹去。那人感到冷，風刮得越大，那人把衣服裹得越緊。風累了，最終退下陣來。之後太陽不緊不慢地烤那個人。那人覺得有點熱，開始放鬆衣服。太陽逐步加溫，那人一邊擦汗，一邊解衣。最後，他乾脆脫了衣服涼快涼快。

風就是典型的狂躁者，彷彿精力充沛，顯得咄咄逼人，實質很虛弱。狂躁者行事缺乏條理與分析，只圖一時的衝動。在壽險推銷中，這種情緒是要不得的。

如果你有狂躁的傾向建議你背誦奧格・曼丁諾的「今天我要學會控制情

緒」——

「今天我要學會控制情緒。

「每天我醒來時，不再有舊日的心情。昨日的快樂變成今日的哀愁，今日的悲傷又轉為明日的喜悅。我心中像有一隻輪子不停地轉著，由樂而悲，由悲而喜，由喜而憂。這就好比花兒的變化，今天綻放的喜悅也會變成凋謝的絕望。但是我要記住，正如今天枯敗的花兒，蘊藏著明天新生的種子，今天的悲傷，也預示著明天的歡樂。

「今天我要學會控制情緒。

「我怎樣才能控制情緒，以使每天卓有成效呢？除非我心平氣和，否則迎來的又將是失敗的一天。如果我為客戶帶來風雨、憂鬱、黑暗和悲觀，那他們也會報我以風雨、憂鬱、黑暗和悲觀，什麼也不會買。相反地，如果我為客戶獻上歡樂、喜悅、光明和笑聲，他們也會報以歡樂、喜悅、光明和笑聲，我就能獲得銷售上的豐收，賺取大堆金幣。

「今天我要學會控制情緒。

「我怎樣才能控制情緒，讓每天充滿幸福和歡樂？我要學會這個千古祕訣：弱者任思緒控制行為，強者讓行動控制思緒。每天醒來，當我被悲傷、自憐、失敗的情緒包圍時，我就這樣與之對抗——

沮喪時，我引吭高歌。

悲傷時，我開懷大笑。

病痛時，我加倍工作。

恐懼時，我勇往直前。

自卑時，我換上新裝。

不安時，我提高嗓音。

窮困潦倒時，我想像未來的財富。

力不從心時，我回想過去的成功。

自輕自賤時，我想想自己的目標。

自高自大時，要追尋失敗的記憶。

縱情享受時，要記得挨餓的日子。

洋洋得意時，不要忘了忍辱時刻。

……

「有了這項新本領，我就更能體察別人的情緒變化。我寬容怒氣沖沖的人，因為他尚未懂得控制自己的情緒；我可以忍受他們的指責與辱罵，因為我知道明天他會改變，重新變得隨和。我不再只憑一面之交，就去判斷一個人，也不再因一時的怨恨與人絕交。

「今天我要學會控制情緒。

「我從此領悟了人類情緒變化的奧祕，對於自己千變萬化的個性，我不再聽之任之。我知道，只有積極主動地控制情緒，才能掌握自己的命運。

「我控制自己的命運，而我的命運就是成為世界上最偉大的推銷員！」

——這些控制情緒的箴言妙句，就是出自於奧格・曼丁諾不朽的名作《世界最偉大的推銷員》一書之內。希望你能爛熟於心，並認真按每一個原來的思考行事。每天都背誦一遍，並寫下每天的心得體會；甚至加上每天的自省和反思。讓上面的這些話成為你生命的一部分，並通過你的行為表現出來。果能如此，你就可成為世界上最偉大的推銷員。

ch.4
壽險推銷員成功法則

○一切財富，一切成功，均始於一個意念。偉大的人物並不是空泛的夢想者，他們往往將成功的基石建立在諸如熱忱、執著、直面失敗這些積極的個人品質之上。

1 熱情

熱情是一種積極的意識狀態，能夠鼓舞及激勵一個人對自己手中的工作採取行動。熱情具有強烈的感染力。熱情是邁向成功之路的指標。對任何工作都抱以熱情之態度的人，都會成功。愛默生曾說：「有史以來，沒有任何一件偉大的事業不是因為熱情而成功的。」

推銷之神原一平認為，「若想成為人群中的一股力量，便須培養熱情。人們會因為你擁有熱情而更喜歡你，你也得以逃離枯燥不變的機械式生活。因為人類的生活就是這樣，把靈魂放入工作之中，你不僅會發現每天中的每個小時都將變得更愉快，而且會發現人們都相信你，恰似我們接觸到發電機而相信電那樣。」

一個對凡事充滿熱情的人，他走到哪兒，哪兒就充滿朝氣。

美國壽險推銷冠軍貝格曾有十個月的時間在推銷保險方面一敗塗地，於是想打消推銷任何東西的念頭。他非常氣餒，接連幾天盲目地應徵人事廣告。他想在港埠當一名雜役，因為小時候曾在一家公司打工，為公司裝箱、貼標籤等粗活。他想，以自己有限的學歷，應足以擔任這項工作。然而，他一試再試，仍找不到一份這樣的工作。他的心情糟透了！

可是，有一天，貝格卻改變了自己的初衷。

那天，他準備回保險公司取回自己的私人用品。正清理辦公桌時，總經理和幾位推銷員走進來開會。他很不好意思，只好坐下來聽他們談話。

貝格聽到總經理的如下幾句話時，深有感觸，他不僅放棄了辭職不幹的打算，而且還深深地迷戀上壽險行銷職業。

那幾句話是——

「先生們，總而言之，推銷業就是與人接觸的行業。任何能力平平的人，只要他勇於到外頭去，向四、五個人熱情真誠地講述他自己的故事，我就可以保證，他一定能成功！」

這一席話，深深影響了貝格往後三十多年的行銷生涯，最終造就他成為全美壽險推銷冠軍。

❶ 與你的準客戶溝通時運用熱情

握手時要面帶微笑，看著對方說：「您好！很榮幸能認識你！」、「您好！我是××。很高興見到您！」——不要皮笑肉不笑，一副職業性質。不要誇張地大聲「哈哈」笑，像是不熟裝熟似的，那是典型的乾笑。微笑時要讓你的眼睛也「微笑」——發自心底的微笑會從眼睛中透出來。

你說的「早安」讓人覺得很舒服嗎？你說的「恭喜你」是出於真心嗎？你說「你好嗎」時的語氣，是不是能讓人感受到你的真誠？熱情、自信、有力的話語，能振奮自己也能振奮他人。

❷ 強迫自己採取熱情的態度

當你沒有耐心或興致時，不妨強迫自己採取熱情的行動。一次做一件事。做這件事時，要好像生命就懸在它上頭。

你不妨常常背誦卡耐基的座右銘——

你有信仰就年輕／疑惑就年老
你有自信就年輕／畏懼就年老
你有希望就年輕／絕望就年老
歲月使你皮膚起皺／但是失去了熱忱／就損傷了靈魂

你什麼時候開始？——就是現在！只要堅決地告訴自己：「我能做這件事！」要怎麼開始做？以熱情行事即可。從今天起，以後每早起來，昂然挺立，以熱情有力的手勢大呼：只有敦促自己的熱情行動，才能顯得有精神！

3 自我激勵法

運用如下的提示語，大聲念誦——

我是幸福的人；
這一天我很幸運，我將盡全力去做，爭取每一次機會；
我的努力，可以換得我的快樂和充實。

2 多走一些路

拿破崙．希爾指出：你的失敗也許是因為你需要「另外一點東西」把成功帶給你。你的成功也許是因為你多走了一些路，找到了別人未找到的另外一點東西。

那麼，怎樣才能找到，才能抓住這「另外一點東西」呢？這就是你要要求自己多走些路了……

作為一名壽險行銷人員，「多走些路」意味著將能更有利地接近準客戶，使準客戶從你的身上看到真誠與熱情；多走些路，不僅能使你獲得其他人所不能獲得的成功與財富，還能使你懂得生活的真諦，就在於不斷的行走之中。

孟列．史威濟在壽險推銷之餘，喜歡打獵和釣魚。有一天，當他依依不捨地離開他心愛的鱸魚湖，準備回家時，突然想「多走些路」，看看這荒山野地裡，會不會也有居民需要保險？他抱著試一試的心情向前走了很遠的段路，結果發現還真有這種人。他們是阿拉斯加鐵路的員工。他們散居在沿線五百英里各段鐵軌的附近。

孟列當天便開始了自己的計畫。他沿著鐵路走了好幾趟，以至於那裡的人都叫他「步行的史威濟」。他成為那些與世隔絕的家庭最歡迎的人，他帶去保險這種新事物，同時也帶去了一個新世界。他學會理髮，替當地人免費服務；學會烹飪，滿足了那些吃膩了罐頭和醃製食品的單身漢。當然——那一年，他的業績直線上升。

(1) 現在就去做

等待機時與條件成熟才去行動的人大多是平庸之輩。他們不敢越雷池一步，沒有任何吃苦精神，要嘛安於現狀，要嘛怨天尤人。按你的想法行動，以便發揮它的價值。再好的想法，如果不身體力行去實現，也不過僅僅是個「想法」罷了。

要預料到種種困難。發生困難時，要勇敢地面對現實。成功者並不是行動前就解決所有的問題，而是遭遇困難時能夠想辦法克服。

(2) 多走些路，想想這些話——

做個積極、主動的人，多走點路，機會就在你比別人多邁出的那一步處。

做個敢為眾人先的人，不要等人家一擁而上時你才做。

不要坐等完美。世上沒有完美的事；不斷追求才是完美。

用行動去克服恐懼，同時增強你的自信。怕什麼，就去做什麼。

不要想著「明天」、「下個禮拜」或「下個月」，而要時刻想著「現在」。

3 專注

「專注」是「專心」的同義詞，指把意識集中在某個特定的欲望行為上，並要一直集中到已經找出實現這項欲望的方法。

我們知道——攀登懸崖峭壁的人從不左顧右盼，更不會向腳下望上一眼，他們只是聚精會神地觀察眼前往上延伸的路壁，尋找下一個最牢固的支撐點，摸索通向巔峰的最佳路線。

同樣的辦法，在你做事之前，不要把注意力放在你面前的整個任務上，最好是將所有的注意力集中到先如何做好第一步，然後第二步，第三步。

人生就像攀岩一樣，專注是成功的神奇之鑰，它將打開通往財富之門，打開通往榮譽之門；在很多情況下，它還將打開通往健康之門。

「專注」具有不可思議的神奇力量。

1 專注測試紙

拿一張紙寫下你的欲望。內容如下——

①假設你要成為非常優秀的壽險行銷人員，或是最棒的「壽險推銷冠軍」。因為這可以使你對他人提供愛心服務，也可以使你有豐厚的經濟收入，獲得生活物質必需品。

②你要在每天就寢及起床後，花10分鐘把你的思想集中在這項願望上，以決定如何行動，才能夢想成真。

③絕不允許有任何事妨礙自己成為最優秀的壽險推銷員（或冠軍）。要克服一切一切的困難。

④簽名，寫上日期。

這張測試紙其實就是你的「行動誓言」。每天都堅持按所寫的誓言行動，直到獲得好的結果為止。不要低估「專注」的神奇力量，只要你相信自己辦得到，你就一定可以辦得到。

為你自己設計一張測試紙，用一定的時間，試試看。

❷ 讓頭腦冷靜下來

頭腦冷靜，有利於專注。

「讓你的頭腦冷靜下來，你將會發現內在的控制力和能力。」

⑴ 不要老想著自己

人之所以會分散注意力或產生壓力，完全是自我感覺在起作用。

⑵ 使你的思維完全進入當前的工作狀態

用全部的熱情，重複你的工作程序，專注的習慣會自然而然地養成。專心工作之餘，研究人類的心理活動。當你發現所有的心理活動歸結於自我意識並能加以控制時，你就不再害怕他人（你的客戶）會使你面紅、聲顫、手抖與不安。

⑶ 一次只做一件事

一次只做一件事，可以避免你三心二意或過多地分神。

另外，你可以把你將要拜訪的客戶列成名單，編上序號，按成交程度的大小，擬定拜訪日期。然後按「一次只做一件事」（可變通為一天成交一個客戶）的原則去做。你將會驚奇地發現，你會成功地完成了那麼多目標。拒絕那些會空耗你的工作能力的活動和工作。

4 自信

拿破崙·希爾曾說：「我成功，是因為我志在成功。」在他的身上，自信表現為一種強大的成功欲望。可以這麼說，沒有自信，就沒有成功。

有人說：成功的欲望是創造和擁有財富的源泉。人一旦擁有了這一欲望，並經由自我暗示和潛意識的激發，便形成一種強大的自信心。這是一種「積極的情感」，它能夠激發潛意識釋放出無窮的熱情、精力和智慧，進而幫助此人獲得巨大的成就。所以，有人把自信心比喻為——「一個人心理建築的工程師」。

1 自信可以創造奇蹟。

丹普賽出生時四肢不全，只有半邊右足和一隻右臂的殘餘。作為一個孩子，他想像別的孩子一樣從事運動。他喜歡踢足球。他的父親給他做了一隻木製的假腿，以使他能穿上特製的足球鞋。丹普賽一小時接一小時、一天接一天，用他的木腳練習踢足球，努力在離球門愈來愈遠的地方將球踢進去。他變得極負盛名，以致新奧爾良的聖哲隊雇他為球員。

當丹普賽用他的跛腿在最後兩秒鐘內、離球門63碼的地方破網時，球迷的歡呼聲響遍了全場。這是職業足球隊踢進的最遠的球。這次聖哲隊以3：2的比分戰勝了雄獅隊。

新聞記者採訪時，丹普賽說：「遠離63碼的地方起射，我憑藉的是自信，一個熱愛生活者的強大自信。沒有這種自信，我想我不會射中的。」

從丹普賽的故事中，你所能學習和運用的原則是——

①那些能夠產生熱烈的願望以達到崇高目標的人，才能走向偉大。

②那些充滿自信並不斷努力實　的人才能取得並保持成功。

③在人類的任何實踐中，要成為一名成功者，就必須實踐、實踐，再實踐。

❷戰勝自卑的方法

自信的天敵是自卑。《自卑與超越》的作者A．阿德勒指出：「人類需要的無止境與博大而永恆的宇宙相矛盾；即人類不可能超越宇宙，也無法扭脫自然法則的制約。這是造成人類自卑的最終根源。」

人人都會自卑，只是程度不同而已。但人又能戰勝自卑，這便是超越。如果你是一個自卑感比較嚴重的人，不妨採取以下的幾種方式——

(1) 正視你的客戶

眼睛是心靈的窗戶。你內心的思想活動會在不經意間從眼神中溢出。不正視別人通常意味著：在你旁邊，我感到很自卑；我感到不如你；我怕你。正視別人，就等於告訴他：我很誠實，而且光明正大。我相信我告訴你的話是真的，毫不心虛。

要讓你的眼睛為你工作，就是要讓你的眼神專注別人。這不但能給你信心，也能為你贏得別人的信任。

(2) 把你走路的速度加快25%

心理學家指出：步行的速度和姿勢與人的心理、性格有關，身體的動作是心靈活動的結果。心理學家還指出：藉著改變走路的姿勢與速度，可以改變心理狀態。

普通人有「普通人」走路的模樣，顯出「我並不怎麼以自己為榮」的表白。有超凡自信的人走起路來則很快，他們的步伐彷彿告訴世界：「我要到一個重要的地方，去做很重要的事。更重要的是，我會在15分鐘內成功。」

使用這種「走快25%」的技術，抬頭挺胸，走快一點，你就會感到自信心不斷地在滋長著。

⑶ 布置任務法

如果你的自卑感已經產生，自信心正在喪失，可採取布置任務法。比如說，先找你認為最容易成交的客戶去拜訪。待成交後，再拜訪另一個目標。在一個時期內儘量避免承受失敗的挫折，待自信心逐步提高，再向較難纏、較不易對付的那個客戶去努力。

⑷ 運用「肯定式」的心理暗示

「肯定式」不論對自己，還是對他人，都有充滿信心的作用。

作為一名壽險推銷人員，當客戶問起你們公司的信譽是否可靠、服務是否優異、兌現是否及時，你肯定不會回答「也許」、「可能」、「還可以」等話。這樣的話可以使十個準客戶走掉「十一」個——潛在的準客戶也被影響了。

不妨運用肯定的語氣：「我們公司的信譽，你可絕對放心！」

「我們是世界第一流的保險公司，在業界一向信譽良好為榮，真正做到『服務到家』、『客戶至上』的口碑……」

「萬一您需要什麼服務，一天24小時隨時隨地，都可以讓我來為您效勞。」

5 直面失敗

世上沒有一蹴而就的成功。

每一項成功的背後都有其艱辛的淚水與與汗水。每一個奮發向上的人成功之前都曾經歷過無數次失敗。壽險推銷更是如此，因為推銷的真正開始是從被拒絕。有推銷，必然有拒絕；而正因為有拒絕，推銷才成為必要。

為什麼會出現這樣的局面？

原因有三——

①壽險觀念與認知不足。

②對人壽保險的需求並不迫切。

③對壽險推銷員不具備信任感。

對於初涉推銷工作的業務員，客戶不分情由的拒絕就像一柄利劍，肆無忌憚地摧折著業務員的自尊心、自信，它無情地消耗掉業務員的精力、時間。在失敗情緒彌漫中，業務員往往視推銷為畏途，視客戶為寃仇。而業務員越是畏懼，越是膽顫心驚，就越容易遭到拒絕——更大的失敗。

「失敗並不可怕，關鍵在於失敗後怎麼做。」

原一平在最初一次又一次的失敗中，悟出了磨礪的真諦，執著的可貴，不服輸的勇氣，終於成為推銷界的「神人」。

不懼怕失敗可使你充滿鬥志，充滿信心；重視失敗則能使你反思自己為什麼失敗，進而找出失敗的原因，並從中吸取經驗教訓。

被譽為世界首席保險推銷員的齊藤竹之助剛做推銷員不久，準備向五十鈴汽車公司開展企業保險推銷——公司為其職工繳納預備退職金及意外事故等的保險。可是，這是一塊難啃的骨頭，不論哪個保險公司的推銷員發動攻勢都無濟於事。齊藤竹之助選擇了這家公司的總務部長作為主攻對象。

誰知這位總務部長總也不肯與他會面。他去了好幾次，對方都以抽不開身為托辭，根本就不露面。

兩個多月後的某一天，對方終於動了惻隱之心，同意接見他。可這位總務部長剛聽了他不到一半的「銷售方案」，便起身打斷說：「這種方案，不行，不行！」

齊藤竹之助對這一方案進行反覆推敲，認真修改之後，第二天又去拜訪總務部長。對方再次以冰冷的語調說：「這樣的方案，無論你制定多少帶來也沒用，因為本公司有不繳納保險的原則。」

齊藤竹之助感到了滅頂的打擊。但他又一想：自己推銷的是生命保險，肯定對這家公司有益無言。我一定要成功！

於是，他平靜地說：「那麼，再見！」

從此，齊藤竹之助開始了長期、艱苦的推銷訪問，前後大約跑了三百回，持續了三年之久。從他的家到那家公司來回一趟需要六個小時。一天又一天，他抱著厚厚的資料，懷著「今天肯定會成功」的信念，不停地奔跑。

就這樣過了三年，他終於攻克了那塊「最難啃的骨頭」。

1 要學會反敗為勝

(1) 毅力＋行動＝金剛石

行動與毅力的完美結合能攻克一切難關，淺嘗輒止的人永遠不會成功。不要一遇到困難或受到拒絕就心灰意冷，想到失敗——想到失敗，就注定會失敗。

(2) 一步一個腳印

茫茫的雪地上，一行腳印伸向遠方。如果你只站在一端感嘆：「這麼艱難的路，何時才有盡頭？」你就不會邁開第一步。

成功是一步一步走出來的，每一個腳印都記載著你的辛勞。直視你的前方，朝你擬定的客戶，一個一個地接近、拜訪，使他們由準客戶變成真正的客戶。

(3) 屢敗屢戰

真正的成功者是善於屢敗屢戰者。

屢敗屢戰是對待失敗的正確方法之一。失敗不是什麼罪過，重要的是從中吸取教訓。跌倒了，再爬起來，繼續往前走。僅此而已，有什麼可怕的。

❷ 走出失敗的低潮

潮起潮落。人生經歷亦如此。被他人拒絕一、兩次或多次，對你漫長的人生之路來說再平常不過，再合理不過了。

當你處於失敗的低潮中，不妨採取以下的特訓方式——

①在心理上做自己的對手。用積極樂觀的心態戰勝消極悲觀的心態。

②在行動中做自己的對手。正視失敗，認真分析失敗的原因，總結經驗教訓，抓住重點，有針對性地再次衝刺。

③參加有益的活動。有益的活動可以調節你的神經，釋放你的壓抑、焦慮、緊張等非理性的消極情緒，使你從集體中、自然中獲得有益的啟發。

④參加體育活動。運動可以舒暢活脈，逸神健體。更重要的是，「運動能使你拋開心事，拋開煩惱，讓你腳踏實地，感受到自己在做什麼。」

⑤讀書，掌握心理戰。書是你最忠實的朋友。當你失敗時，你要更努力去結識這位永遠也交不夠的朋友。它會提供你正確的方法與無限的動力。

⑥寫日記和信。把你的不幸失敗詳細記下來或寫成信，有助於你自慰或自療。尤其是寫信給親人或朋友，既能一吐為快，又能獲得親人或朋友正確的點撥、引導、鼓勵。

只會逃避失敗的人，永遠也得不到失敗所教導的效益，這是很可惜的一件事！

人唯有面對失敗，才能了解它是治療失敗的最佳良藥！

6 學會自律

自律，即自我約束，自我管理。

一個無法自律要求之人，將一事無成。

其實，我們每個人每天都處於自律與他律之中。

拿上班族來說，公司規定的規章制度、作息時間等，就是「他律」，而我們自覺地遵守這些規章制度，遵守上下班時間，則是「自律」。

然而，真正意義上的自律是一種高度自覺。尤其是對於一名壽險行銷人員，由於沒有明確的規章制度的約束、要求，因而顯得相對自由。在這種自由的狀態下，如果沒有了高度自覺式的自律，將無所作為。許多推銷員中途退場，便是因為有太多的時間，不知如何打發。

香港企業家，商業培訓師，也是實踐派作家馮兩努說：「想成為一位傑出的推銷員，首要條件是自律。讓我們去探討一般推銷員的日常生活，便會發覺他們的苦惱不在於過多的工作壓力和挑戰，而是太自由的工作。過分的自由，養出了糜爛和腐敗的生活習慣。」

推銷員通常可分為四類：

〔第一類〕屬於傑出的人才。他們經驗豐富，勤勉向上，有極高的自律條件。他們對自己要求極高，往往不滿意自己的成績，嚴格地按每日的工作計畫辦事。

〔第二類〕屬於比較老練，但由於性格關係，永遠沒有過高的成就。他們的生意普通，和客戶的關係相當好，往往不用到處找新生意，通常一、兩個電話便把整周的推銷額填滿了。滿足了公司的一般要求之後，便不肯再努力。剩餘時間便呼朋喚友，出外消遣。

〔第三類〕是初入推銷行列之人。沒有業務上的經驗，但勇於學習和努力工作。甘於接受失敗的打擊，從失敗之中，點點滴滴地建立人際關係，因希望有朝一日成為傑出的業務員而嚴於自律。

〔第四類〕屬於推銷行業的過客。他們意志薄弱，恐懼失敗，害怕陌生人，不願也不敢到處去碰，總是找出種種藉口或理由，不去拜訪客戶。

——你願意成為哪一類業務員呢？

7 學會自我心理暗示

「心理暗示」具有神奇的力量。

心理暗示有積極與消極之分。積極的心理暗示能使人把麵粉當藥粉吃而治好病；消極的心理暗示卻能使人把良藥當毒藥吃而送了命。

成功的壽險行銷人員都懂得如何進行積極的自我心理暗示。他們知道，積極的心理暗示遠比別人對自己的督促有效得多。

《世界上最偉大的推銷員》作者曼丁諾就經常對自己說：「今天是我新生命的開始。」以此進行自我暗示，給自己的生理能量充電。

❶ 拿破崙．希爾的自我暗示法

不斷對你自己說：「每一天，在我的生命裡面，我都有進步。」每天早晨起床後對自己說：我是最棒的，我是最優秀的，我一定能成功。然後精神抖擻地開始一天的工作和生活。當然，要按照你的「每日工作計畫」去做。

2 曼丁諾式的自我心理暗示法

《世界上最偉大的推銷員》作者曼丁諾曾用紙寫下以下的這些話，裝在隨身口袋中，有空便誦讀，以自我激勵、暗示——

今天是我新生命的開始。我要脫去我的老皮，因為它早就受盡了失敗的創傷。

今天我又再生了一次，葡萄樂園是我的出生地，這裡的水果大家都可品嘗。今天我要在這葡萄園裡，從那枝頭最高，結果最多的葡萄藤上摘下智慧的葡萄。因為這些葡萄是我這個職業裡最賢德的人一代一代種植下來的。今天我要嘗一嘗這些葡萄的滋味，還要吞下每一粒成功的種子，使新生命在我心裡萌芽成長。

我所選擇的這個行業充滿機遇，沒有悲傷和失望。那些已經失敗的人，如果將他們一個個疊加起來，會比金字塔還高。但是，我要像另一批人一樣，不會失敗。因為我的心裡握有航海圖，指示我游過波濤洶湧的海洋，到達彼岸。過去的只是一場夢罷了。

失敗不再是我奮鬥的代價。失敗像痛苦一樣，不適合我的生活。過去我曾接受它，那是因為我需要痛苦。現在我拒絕它，這是因為我有了智慧和原則，指引我走出陰暗，進入富庶、幸福和遠超過我夢想的康莊大道。在那裡，金蘋果園裡的金蘋果也不過付給我的一點點報酬而已。

人若能長生不老，就可學到一切，但我不能永生。所以，有生之年，我必須練習忍耐的功夫。因為，造物主做起事來，從來不是匆匆忙忙的。培植橄欖樹——一切樹木之王——需要一百年。一個洋蔥，十個星期就長成。我曾像一個洋蔥一樣活著，我很不高興。現在，我要成為最了不起的橄欖樹。實際上，我要成為一名成功的推銷員！

8 如何有效地利用時間

時間對任何人、任何事，都是一視同仁，既寬厚大方，又吝嗇專制。當你有效地利用時間，它就顯得寬厚又大方；當你無所顧忌地浪費它，它就顯得吝嗇又專制。因此，你必須先學會如何有效地利用時間，節約時間，讓你的人生擁有比別人更充裕的時間。

美國麻省理工學院對一千名優秀的推銷員做了調查研究，發現他們有一個共同的特點，就是都精於安排時間，使時間的浪費減少到最低限度。

時間是無法挽留的，就像流水，只流去，不流回。一天結束時，時間只會留做明天待用。如果你想獲得驕人的業績，就必須學會有效地安排時間，利用時間。

歷史上成功的人都重視時間，其中一個是法國的軍事天才拿破崙大帝。他保有一個永不遲到的原則；向下屬訓話時，亦強調時間的寶貴。他常常說：「除了時間之外，我可以給予你任何東西。」

美國傑出的思想家班傑明．富蘭克林也是一位善於利用時間的人。一次，他跟一位要好的朋友在信中談起時間。他說：「記住！時間就是金錢。假如說，一個每天能掙十個先令的人玩了半天，或躺在沙發上消磨了半天，他以為在娛樂上僅僅花了五個便士而已。不對！他還失掉了他本可以掙得的五個先令……」這段話通俗而又直接地闡釋了這樣一個道理：如果想成功，就必須重視時間的價值。

《有效管理者》一書的作者彼得・杜拉克說：「認識你的時間，是每個人只要肯做就能做到的。」

❶ 善於集中時間

作為一名壽險行銷人員，一定要學會集中時間，切忌平均分配時間。

①在每日制訂的拜訪計畫表中，應該將選擇拜訪的準客戶集中在同一地區，而非一個在南，一個在北。

②對重點拜訪客戶，要投入一定比例的時間，並必須不間斷地重複拜訪。

❷ 學習馮兩努的「節約時間法」

①隨身攜帶一本記事本，準備將一切突然走進腦海的念頭記下來。如果沒有筆和紙，恐怕日後再花雙倍的時間和精力，也抓不住那一瞬間的靈感。

②準備一個儲藏資料的抽屜，將自己的一切文件、資料、思想和筆記等東西有系統地整理出來，好好地保存。一旦要運用，便不會浪費時間。特別是作為一名壽險推銷員，日常準備的準客戶資料與達成的保單等，一定要分門別類，歸屬得當。

❸ 善於應付「自由時間」與「應付時間」

任何人都面臨著兩種時間：屬於自己控制運用的自由時間，和屬於對他人他事的反應的時間，即不由自己支配的「應付時間」。

對這兩類時間要合理調配，不能顧此失彼。沒有「自由時間」，完全處於被動、應付狀態，不能自己支配時間，就不是一名有能力的推銷員。

4 善於利用零散時間

一個人的時間不可能非常集中，往往會出現很多零散時間。比如早、晚餐前後的空餘時間及散步的時間等。在這些時段，你可以整理拜訪完準客戶的有關資料，分析他的性格及購買可能；也可制訂下一步的工作計畫，該做哪些準備等等。

5 合理安排你的時間

「凡事經合理安排才有序，有序才能出成果。」同樣，凡事經合理安排，你才能有效地利用時間。

成功的出版家海倫．格利．布朗說：「你何能非常努力工作，甚至因此在一天結束後感到沾沾自喜。但是，除非你知道事情的先後順序，否則你可能比開始工作時距離你的目標更遠。」

因此，你必須為你所進行的推銷工作制訂或安排出一個行之有效的時間計畫表。但你必須了解，你的時間計畫表上的事情並非同等重要，不應對它們一視同仁。你應當按「先重後急，先急後緩」的原則處理。

(1) **制訂短期優先順序表**

Ⓐ拿一張紙，寫下你第二天要拜訪的五位準客戶。

Ⓑ在這五至十位準客戶中，你認為哪一個最重要，哪一個次之，哪一個相對來說最不重要，用「1、2、3」或「A、B、C」標出。

Ⓒ然後按先後次序拜訪。當然，他們最好在同一地區，先後不能分離太遠，如此你才不必疲於奔命。

(2) **制訂長期先後順序表**

Ⓐ在記事本上寫下你這一周將要拜訪哪些區域，哪些準客戶，按先後順序排列，並標明拜訪日期。

Ⓑ最好先按重點區域排列，然後再按每一區域裡有哪些重點客戶的先後次序排列。

Ⓒ短期先後次序表以長期先後次序表為準。

9 如何避免浪費時間

世上最不可浪費的是時間。因為浪費時間就是浪費生命，浪費機會。

經驗表明，成功與失敗的界線在於怎樣分配時間，節約時間，避免無謂的浪費。人們往往認為，這兒幾分鐘、那兒幾小時沒什麼用，其實它們的作用很大。時間上的這種差別非常微妙，要過幾十年才看得出來。但有時這種差別又很明顯，貝爾就是這樣的例子。

貝爾在研製電話機時，格雷也在進行同樣的實驗。兩個人幾乎同時獲得了突破，但貝爾到達專利局比格雷早了兩個小時。兩人互不知對方，但貝爾就因這120分鐘而獲得了成功。

瑪麗．凱是五點鐘俱樂部的人。那麼，什麼是五點鐘俱樂部呢？當談到公司裡的女職員如何把她們工作做完的一項題外話時，她提了這個俱樂部。

瑪麗．凱公司中的很多業務員都是家庭婦女，她們每天的工作包括煮早餐、準備午餐及帶孩子上學。每天面對這些家務事的她們是如何做好銷售工作的？

瑪麗．凱說：「五點鐘俱樂部——每天早上五點是一天的開始。」要趕在太陽升起前起床的確需要相當的毅力，但好處頗多。早上沒有干擾，安詳、寧靜，讓你有種幸福感，覺得必須為達目標而努力，而且任何發生在身上的好事都是該得的。瑪麗．凱建議她的業務員利用這段安靜、無干擾的時間檢查庫存量、下訂單、寫感謝函，然後計劃整天的工作。

前美國參議員赫爾曼．塔爾梅奇是知名人士中訪問時間最早的人之一，他曾經是美國最有權勢、最有名的參議員。他的祕書告訴時間專家尤金五點以後就可以打電話給他。尤金問道，是早上還是下午。他說：「早上！參議員很早就開始工作了。」尤金沒有那麼大膽，敢在清晨五點就打電話過去。不過，他倒是在隔天早上七點打了電話。當然是塔爾梅奇親自接了電話，而且他顯得神清氣爽。尤金首先為這麼早打擾他致歉。但他告訴尤金，他已經起來了幾個小時了。他說，這是他避免浪費時間、有效利用時間的方法之一。

1 養成守時的習慣

「守時的習慣」對任何一個人來說，都有很大的好處和利益。一個成功的壽險推銷員必須準時拜訪約定好的客戶。一個不守時的人，就很難贏得準客戶的信任。

(1) **短期守時法**

Ⓐ寫下你今天所要赴的約會及待處理的事。用彩色顏色標明時間（注意，是兩個時間，一為約會時間，一為準時間），以示提醒。

Ⓑ時間一到，立即放下手頭的其他工作，不管其重要與否。

Ⓒ每天都堅持如此。

(2) **長期守時法**

Ⓐ在日曆注明哪月哪日你應該實現對客戶的承諾或提供必要的售後服務。

Ⓑ提前為將要到來的「守時之事」做準備，以做到有備無患。

Ⓒ新約會或計畫的安排考慮到不要與已訂的時間相衝突。

❷ 淘汰無價值的準客戶

一味糾纏在那些毫無成交希望的準客戶身上，無異於自殺。淘汰無價值的準客戶是避免浪費時間的有效途徑。

準客戶是否有價值，該不該淘汰，要經過你的調查、分析、衡量後再做出決定

（也可以放在「暫時擱置」的抽屜裡）。

以下幾個方案，可以幫助你準確地做出是否淘汰準客戶的決定——

①考慮如果你堅持說服他，所花的時間與所得的回報是否等值？

②考慮是否有無法克服的障礙？

③考慮準客戶自身方面的問題，如觀念、收入等。

3 做個不偷懶的人

偷懶會在不知不覺中浪費掉許多時間。愛偷懶的人，請從現在起杜絕你的偷懶思想。其實偷懶的思想並不難除，因為偷懶無非兩種，一是對自己要求不嚴，得過且過，另一種則是積習而已。

找出你懶惰的根源，對症下藥，從偷懶之人轉變為積極上進之人。

4 尤金的節時計畫

據統計，全世界每天有數百萬小時流失在找東西上面。推銷員找亂放的產品說明、推銷計畫、準客戶資料卡，研究者找亂放的書籍、論文、摘錄卡等等。

時間專家尤金為此設計了一個很好的節時計畫，其內容如下——

(1) **物盡其所，物歸原處**

找一個置放眼鏡、筆、鑰匙、約會記錄本的地方，約束自己每天必須把它們放回原處；合理地安排準客戶檔案、資料卡，用完後一要定做到物歸原處。

(2) **細心標示準客戶檔案與文件夾**

真正做到分類整理，然後按序號標明類別、次序。

(3) **重要文件或檔案最好多準備幾份**

(4) **三思而後行**

訓練自己出門前或離開某個地方時先想想有什麼東西遺忘了？比如眼鏡、筆、資料袋等。一旦形成習慣，即使十萬火急，也會反射似地想到：還有東西遺忘嗎？

5 清除時間大盜

浪費你寶貴的時間，除了不良的工作方法外，便是精神上的無謂虛耗。以下有四個時間大盜，希望你多加留意，以便慢慢地將它們克服。

(1) **無謂的擔心**

不要去想那些不可能的「萬一」。試回想你一向擔心的事發生過沒有。既然沒有，何必杞人憂天呢？而且，除了浪費時間之外，「擔心」又會令人衰老。

(2) **不必要的恐懼**

處理任何事，千萬不要因擔憂和恐懼而將自己的力量分散。

(3) **猶豫不決**

這是一個最浪費時間的壞習慣。克服這一壞習慣的方法是——

①不顧一切地進行，將事情做好。

②不顧一切地拒絕，不去辦理。

(4) **無謂的後悔**

後悔只能浪費你的精力和時間，消耗你的心智和體力，此外別無好處。

15 健康的體魄

「身體是革命的本錢！」這句話雖然有點老掉牙，卻反映著一個實實在在的真理：「身體健康是人的安身立命之本。」

有人曾形象地比喻說，健康是頂天立地的「1」，而事業、愛情、友誼、金錢、房子等都是「0」，它們共同組成了你偉大的成功——「10000……」但當你失去健康，頂天立地的「1」倒下了，你身後所有的「0」也將失去意義。

❶從事體育鍛鍊，改變你的健康狀況

「生命在於運動」體育運動既可以增強你的能量，還可以及時給你充電。

①堅持每天晨跑。先短跑，後長跑。

②分解耐力極限訓練，並隨每一次的練習而擴大極限。

何謂耐力極限訓練？簡單說，就是把一個大目標分解為若干小目標。比如一個人跑一個1／4英里比他連續跑4個1／4英里快些。所以，你在訓練耐力時，一定要學會分解。

2 保證充足的休息和睡眠

休息同鍛鍊同樣重要，是保證身體健康的三大元素之一。沒有好的休息，就沒有好的身體。體魄再強健的人，如果讓他三天三夜不休息，你看看他會成什麼樣？

①要防止疲勞和憂慮，首先得做到常常休息——感到疲倦之前就休息。

②想辦法在做事之前小睡一會兒，哪怕只有五分鐘。

③只要有空，就閉目養神。這可以緩解神經，迅速恢復體能。

3 借鑒洛克菲勒的「健康之道」

①每星期日參加禮拜，記下所學到的原則，供每天使用。

②每晚睡8小時，每天午睡片刻，適當休息，避免過度疲勞。

③每天洗一次盆浴或淋浴，保持乾淨、衛生。

④過有規律的生活。
⑤飲食有節制，細嚼慢咽。
⑥汲取心理和精神的維生素。

4 學會正確的飲食之道

①不飲食過量。飲食切忌隨心所欲。「想身體健康，就吃七分飽。」
②食用富含水分的食物。人體的新陳代謝，細胞保持生命活力都離不開水。因而，你每天除了定量補充一定的水分外，還必須吃一些新鮮的蔬果。
③改變用餐順序。先喝湯，再吃蔬菜類的食物，肉類食品和米飯最後再吃。因為先吃熱量低的食物，可以減少對高熱量食物的食欲。
④吃完飯後，不要急著躺下來休息，稍微活動一下，讓脂肪在尚未儲存前先消耗掉。
⑤平常多喝開水。促成新陳代謝，幫助熱量的消耗，清滌腸胃。

ch.5

尋找準客戶的祕訣

○一名行銷人員最重要的課題是在於擁有源源不絕的貨源——「準客戶」。

●只有擁有大量的準客戶的行銷員，才能走出一條屬於自己的壽險推銷之路。

1 陌生拜訪法

「陌生拜訪」是指向你所遇見的每一個陌生人展示人壽保險理念的工作方法。

「陌生拜訪」是增加準客戶的一個極為重要的途徑。

進行陌生拜訪時，你應打破不必要的心理障礙。人是最高級的情感動物，你為他人獻出一張真誠的笑臉以及充滿關心的話語，即使他對你所推銷的壽險保單給予拒絕，但他已知道什麼是「壽險理念」了，並且認識了你——這比什麼都重要。當再有第二個、第三個壽險行銷人員上門時，他首先想到的必然是你！

「陌生拜訪」是壽險行銷人員擴大「庫存」的必由途徑。

齊藤竹之助初入推銷界那一年夏天，參加公司組織的旅遊。在熊谷車站上車時，他看到一個空位，就坐了下來。同排座位上已坐著一位約三十四、五歲的婦女，帶著兩個小孩，大的約六歲，小的三歲左右。他知道這是一位家庭主婦，於是動了向她推銷壽險的念頭。

在列車臨時停站之際，齊藤竹之助買了一點小禮物，很有禮貌地贈送給她，並同她閒談起來，一直談到小孩的學費，還打聽到她丈夫的工作內容、範圍、家庭狀況等等。

那位婦人說，她計劃在輕井沢車站住一宿，第二天乘快車去草津。齊藤竹之助馬上說自己可以為她在輕井沢車站找到旅館。

由於輕井沢是避暑勝地，又時逢盛夏，單槍匹馬出來旅行的人，如果沒有事先預訂，想找旅館是相當困難的。那婦人聽後非常高興，並愉快地接受了。當然，齊藤竹之助也把自己的名片巧妙地遞給了她——背面寫著所介紹之旅館的內容。

兩週以後，齊藤竹之助前往她的住所拜訪。就在那天，他的推銷便獲得了成功——潛在的準客戶就在你身邊，只需要你勤於發現與開掘。

1 拜訪的場所

「陌生拜訪」的對象很多，針對壽險推銷的特點，你可以選擇如下的地方——

(1) 商業中心、公司、行號

選擇一個商業繁榮的街區，逐家走訪公司行號。這種地方經濟繁榮，利潤豐厚，競爭激烈，人們的風險意識和經濟能力都比較強，是銷售和尋找客戶的上佳場所。

(2) **住宅區**

住宅區意味著「家」，壽險的意義最利於圍繞著「家」字展開。每個人都知道一個完整的「家」蘊含什麼。拜訪的時間應選擇在晚飯以後的一段時間。晚飯後人們闔家團坐於電視機前，此時是銷售家庭、子女保險的理想時間。

(3) **客戶聚集的地方**

也就是說，要以學校、醫院、機關、工廠等地方作為探訪的目標。這些地方人群集中，準客戶自然就會多。

❷ 拜訪的原則

① 拜訪必須有一個特定的目的，如「兒童保險」、「意外醫療保險」，但主題應隨對方的反應而定。

② 使用適度的交談技巧（後面詳談）。

③要留給客戶良好的第一印象。

④除非你已進入室內就座，否則不要談論保險。

⑤千萬不要批評準客戶「落後」的保險意識，或現有的保險計畫。

「陌生拜訪法」可以使你短時間內接觸大量準客戶，迅速磨練技巧，開發市場，提高應變能力，不失為一條有效的途徑。不妨給自己訂一個短期陌生拜訪計畫，試試看！

2 關係法

「關係法」即緣於老朋友、老關係而推銷的一種手法。

「百萬美元圓桌會議」終身成員美國人柏·巴羅先生說：「有個傻子騎在驢背上數他的驢群，結果總是少了一頭，即是他自己騎的那一頭。千萬別忘了你的朋友和親人，他們一樣會受到死神的威脅，他們的家庭也一樣需要保障。如果你連最愛的親人和朋友都無法保護，還推銷什麼保險？然而，這卻是我們最常犯的錯誤。到處尋找客戶，到處拜訪，卻忘了自己的鄰居、親人和朋友。」

許多人不向親人朋友賣保險，不一定是他們沒有意識到保險的重要性，而是一些有害的觀念在作祟。

一種觀念認為，業務員高超的推銷技巧、良好的推銷素質應體現在與陌生人、大的團體交往上面。另一種觀念認為，推銷不是體面的工作，向親朋推銷是一件丟面子的事。

還有一種觀念認為，兔子不吃窩邊草，不能賺自己人的錢。

——但您別忘了，拿筷子只指點說菜好吃而不動口，別人怎麼會相信這菜是否真的好吃？

保險推銷員巴羅第一個接觸的客戶是他從中學開始就是好朋友艾迪，他目前是一家汽車公司的業務經理。起初，巴羅並沒有告訴艾迪，他改行幹壽險推銷了。他覺得，如果讓艾迪買保險，很不厚道。可是，一個偶然的機會，他認為那樣想是大錯而特錯的。因為，有一次，他和艾迪在一塊兒吃飯時，無意間起人壽保險。艾迪說，一直想買一份保險，可沒有時間。

巴羅聽到這兒，心中大喜。真是「踏破鐵鞋無覓處，得來全不費工夫」。於是他告訴艾迪，自己改行幹壽險推銷已有一陣子，只是覺得不好意思，沒向他拉保。

艾迪哈哈大笑說：「這有什麼不好意思！壽險如同生活必需品，從哪兒都是買，從朋友處買，更放心。」

巴羅就這樣順利地做成了他的第一個客戶。

(1) 畫出你的朋友圈

畫出日常的交際圈時，面要盡可能廣。

(2) 列出每一欄中所認識之人的名字，有多少寫多少。

盡力想，假設每想起一個名字可得一百元，看能寫出多少。

在此，建議您——

①名單列出後，慎選突破口。找出最容易成交的「朋友客戶」。參考標準為：他們的收入狀況、家庭狀況、身體狀況、工作風險狀況、接受新觀念的程度大小等。

②訂好拜訪的日期，按先易後難的序號逐個拜訪。

③切忌給他們打分。也許你認為他們不願買保險，但事實卻相反。因此，拜訪量一定要大，不可「掛一漏萬」。

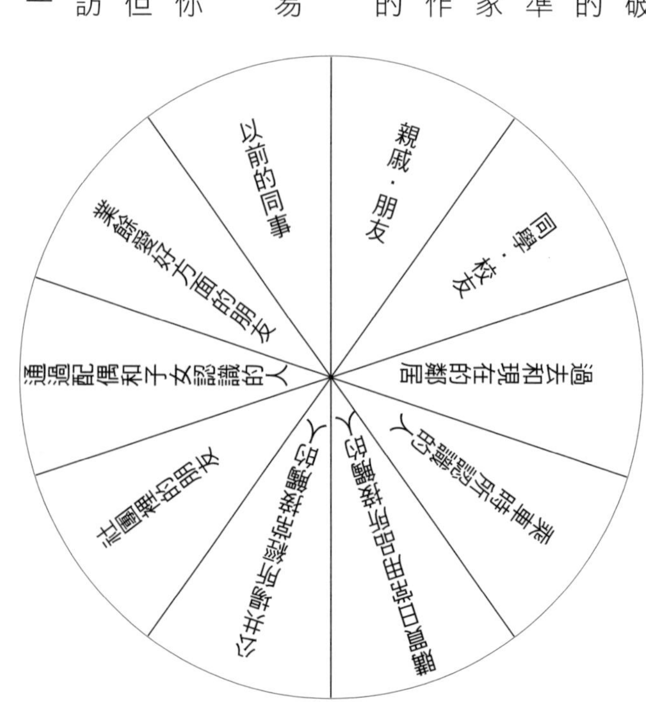

3 介紹法

個人的人際關係和直闖市場的精力都是有限的，要迅速有效地開拓自己的人壽保險業務，必須借助別人的力量。

這種力量的來源就是——「介紹」。

讓每一個你所認識的人把你帶到你所不相識的人群中去，這就是「介紹法」。介紹還可以無限地向下發展。通過新結識的朋友再為你介紹，「關係」就可以綿延不絕。但是，建立友誼不是一件輕而易舉的事，它需要你富有耐心、愛心、信心、真心、執著的熱情及誠懇的態度對待他們，感染他們。唯此，你才能借助「介紹」之舟，橫穿茫茫人海，尋找最佳準客戶。

請求客戶或熟人介紹其他人，最大的優點是使被介紹人產生信任感。壽險推銷中，客戶的信任感正是促使他購買的第一要素。

美國壽險推銷大王貝吉爾曾講了下面這樣一個故事——

一個意氣消沉的年輕人向貝吉爾請教。他說，他搞保險推銷已經十四個月，剛開始做得還不錯，但後來就不行了，感覺到沒有市場了。

貝吉爾向他提了幾個問題，發現這個年輕人對許多準客戶都淺嘗輒止，從而浪費了許多「資源」。

貝吉爾告訴他：「你只做到事情的一半。回去找你賣過保險的客戶，由每個客戶那裡至少得到兩個介紹的名單。記住，在你賣給一個人保險之後，再沒有比你請求他介紹幾個人的名字更重要的事了。此外，不管你和準客戶面談的結果如何，你都可以請他們替你介紹幾個朋友或親戚。」

年輕人高興地告辭了。

六個月後，他又來到貝吉爾的辦公室。他熱切地告訴貝吉爾：「貝吉爾先生，這些日子以來，我緊緊地把握一個原則：不管面談的結果如何，我一定從每個拜訪對象那裡至少得到兩個介紹名單。現在，我已得到五百個以上的好名單。這比我自己四處去闖，所得的要多出許多。」

「你的業績如何？」

「我想，今年應該會超出一百萬……」

年輕人高興地笑了。

1 選用恰當的措辭

請求別人介紹，要注意適當的方式，根據不同的對象，採取不同的說辭。你可借鑒以下的措辭：

「請問，您的老闆是誰？」

「誰住在您的隔壁？」

「誰是那家公司的經理？」

「誰是您的牌友（山友、球友、酒友）？」

「那部車子是誰的？」

「您孩子的老師是誰？」

「誰是那幢小別墅的主人？」

……

有了好的開頭，就可以繼續問下去，比如這個人的年齡、收入、家庭狀況、愛好、脾氣等等，只要對方願意，問得越詳細越好。

在此，建議您——

徵詢他人介紹時，不要覺得難為情。其實，請求別人幫助，和向別人推銷保險一樣，大膽、無畏和保持熱情是首要的。

放下包袱，馬上開啟介紹的機制！

❷ 準備好介紹卡

為了增進被介紹對象對業務員拜訪的信任，業務員讓介紹人寫一張介紹卡是一個很好的辦法。為了方便，你不妨自己設計一種簡單明瞭的介紹卡，平時裝在隨身攜帶的資料袋內，需用時，拿出來讓你的介紹人填寫即可。小卡片不可過分簡陋，最好要給人有「質感」的感覺。

另外，如果遭到介紹人拒絕時，你可以說：「沒關係，我想我了解你的感受。你把你朋友的名字告訴我，我不在他面前提及你就是了。」

當被介紹人問你：「你從哪兒知道我的名字？」你可以靈活應對。如果在此之前，介紹人叮囑你不要說是他介紹的，你可以這樣說：「×先生，是您的一位好朋友，不過他不許我透露名字，我的工作就是與人打交道，必須遵守別人的要求。只要我的確知道您就行了。反過來，我也可以為您保密，如果您能告訴我您的許多朋友……」

拜訪成功後，別忘了給介紹人送點小禮物之類的東西，以示謝意。

參考圖一

滿意客戶介紹卡

＿＿＿＿＿先生：

在此我特向您介紹××保險公司的業務代表＿＿＿＿＿＿

我很滿意他為我所做的一切，相信他所提出的建議，也會令你有所獲益。

×××（介紹人姓名）啟

×年×月×日

參考圖二

滿意客戶介紹卡

茲介紹

＿＿＿＿＿＿＿先生（業務員姓名）

我＿＿＿＿＿＿＿（準客戶姓名）先生

＿＿＿＿＿＿＿（介紹人簽名）

4 直接通信法

書信往來是現代人交際的方式之一。當然，你冒昧地給他寫信，講述保險的理念，也許會引起別人的反感，也別指望他給你回信。重要的是，如果你以優美、婉轉合理的措辭，給他闡明了保險的理念，讓他知道有你這麼一個人掛念他就足夠了。然後，你就可以登門拜訪，帶著先入為主的「老朋友」身分，與他再次面談保險對家庭與個人的意義。

巴羅最成功的「客戶擴增法」，其有效途徑就是直接通信。

他曾講述了自己的一段經歷——

「有一段時期，我苦惱極了！我的準客戶資源幾乎用光了，使我無事可做。我眼巴巴地望著窗外匆匆來去的行人。難道我衝上去，拉住他們聽我講保險的意義嗎？不！那樣做顯然是不恰當的，他們會以為我是瘋子。

「我百無聊賴地翻看著報刊、雜誌，看到許多人因種種緣故登在報刊、雜誌上的地址，我突然靈機一動：何不按地址給他們寫信！在信上陳述要比當面陳述容易很多。

「我馬上行動起來，用打字機打印了一份措辭優美的信，然後複印成許多份，寫上不同人的名字，依次寄出去。寄出之後，我的心忐忑不安，不知道準客戶們看了有何感想。幾個星期後，令我興奮的是，有幾位準客戶給我寫了回信，表示願意了解一下。這件事對我鼓舞很大。於是，我決定趁熱對那些沒有回音的準客戶進行直接拜訪。想不到，效果出乎意料的好。會談時，他們不再詢問有關保險知識方面的事——信上已經講過了，詢問的是加入保險有什麼好處、有何保證以及要多少費用等實際操作之類的問題。

「在我寄出信的第一批準客戶名單中，後來成交率達30％左右。這遠比我用其他方法所獲得的成功率高得多。」

❶ 有效的通信方式

①措辭一定要優美，入情入理，又能打動人心。

②內容以一般的公司與險種介紹為主。

③講明公司的性質、服務質量，以及履約兌現的事例。

④承諾有更詳細的資料和公司的記事簿之類可以贈送，有覆函，再行寄送。

一定要注意信函的內容，形式上要鄭重，信封、信紙都使用上等品，字句必須經過詳細潤飾。亦可請公司的經理級人物簽字，由公司發送，以示隆重。

❷有效的搜尋途徑

準備投寄信件的準客戶姓名及地址，可以由以下幾種途徑獲得——

①經人介紹而獲得。

②平時多注意翻閱報刊、雜誌。

③查看公司的內部商情月報以及電話簿。

④留意電視及廣播上透露的人名。

⑤其他資料。

5 公開諮詢法

從保險推銷的角度看，這是一種不太適宜的方法，但它符合我們的社會情況。因為在民眾風險意識較為薄弱、對業務員上門推銷較為反感或戒備的情況下，這種方法卻非常行之有效。

這種方法暗示著一種大眾心理，即——打開天窗說亮話。

①可以起到廣泛的宣傳作用，而且不致引起反感。

②可以直接在諮詢時簽署保單。

③可以獲取有要保意向的準客戶名單，再行登門拜訪。

④成功率比較高。

善於理解大眾心理的人，往往會擁有他人所不能擁有的成功。

(1) 集一、兩個伙伴，選擇適當的公共場所，擺設業務諮詢攤位

選擇地點應為：公園、社區、商業中心、大學、工廠餐廳、街道繁華地段。

(2) 準備好各類宣傳資料

例如，公司橫幅或標牌、建議書、小禮品之類東西。

(3) 準備好準客戶資料登記卡

以簡單為主，待拜訪後再做系統資料檔案。此卡主要是為拜訪做準備。

(4) 注意個人形象

一定要以代表公司的形象出現，大方、熱情、禮儀周全，切不可如同擺攤設點的小販那樣大聲吆喊叫賣，以免準客戶以不信任的眼光看你。

準客戶登記卡

姓名 ＿＿＿＿＿＿ 年齡 ＿＿＿＿＿＿

配偶姓名＿＿＿＿＿＿＿＿

小孩（男　　人）　　　　（女　　人）

工作單位 ＿＿＿＿＿＿

家庭住址 ＿＿＿＿＿＿

公司電話 ＿＿＿＿＿＿

住家電話 ＿＿＿＿＿＿

行動電話 ＿＿＿＿＿＿

備註：

6 社交法

在現代的工商社會中，有人說——

一個人的成功與否，就在於他如運用他的人際關係！

廣意地講，人與人之間打交道，便是「社交」。

社會是由人所組成，人與人之間的交往關係就構成社會關係，可見，社交於人於己，乃至社會，都是重要的。

緣於社交，社會才能充滿活力與激情；緣於社交，世界才多了一份愛心與關懷；緣於社交，你我才感覺到生活中的真善美遠遠大於醜陋；緣於社交，你我才懂得幫助別人、愛護他人，才能幫助自己、愛護自己。

社交同時一種「社會行為藝術」。它需要的不是虛假、詐騙、險惡、利用等伎倆，而是坦誠、熱情、愛心、優美與幫助。

真誠、高尚的社交有助於你走向成功；陰險、功利的社交則會使你走向毀滅——即便你有所「成功」，那也只能是曇花一現。

許多功成名就的大富豪、商業鉅子無一不是成功的社交家。

美國有名的推銷員巴羅說：「最好的推銷方法就是多認識一些人。當然，你要用熱情與坦誠去跟他們問好。」

想多結識人，就要盡一切可能打開社交的局面，並讓別人知道你自己所從事的職業（最好還能讓人感受到你喜歡這個職業）。

❶ 主動問候他人

你敬人一尺，人敬你一丈。只要你打開真誠的盒子祝福他人，問候他人，他人會以同樣熱情洋溢的祝語回報你。

- 不管何時，都對你周圍的人報以真誠的笑容。
- 「一張帶笑的臉能讓人如沐春風。」——笑容比言語更有力道。
- 別吝嗇說，「您早」、「晚安」、「再見」、「您好」。

2 積極出席各種活動

「獨木難以成林」想在保險推銷業界中有所作為，那就請你走到你周圍的民眾當中，參加各種活動。

(1) 參加親朋的婚喪喜慶宴會

親戚、朋友、結婚、生子、節假日聚會、長輩去世等，在這種場合下可以結識新人，獲得有價值的信息。

(2) 參加單位的嘉年會、座談會、聯誼會、外出考察旅遊團等等

對推銷員來說，接近、參加各種社會和民間組織，就可以獲得更多與準客戶接近的機會，有機會就有收穫。

(3) 參加各種產品博覽會、展示會、訂貨會、新品發表會。

有人的地方，就有生意做，這是商人的鐵律。對推銷員而言，又何曾不是！

7 名人提攜法

保險推銷員在其業務發展過程中，需要獲得各方面的支持：家人、同事、主管的支持；客戶、朋友的支持。沒有這些支持，他們的事業就很難取得成功。

能幫助業務員在市場迅速發展的人，往往是在社會上有一定影響或威望的名流，因此，可以將其定義為「名人效應」也就是「名人提攜法」。

想得到名人的提攜，你必須是一個讓人十分信賴的人，對工作有高昂的熱情、精誠的敬業精神。唯此，那些名流才能為你點撥迷津。

「名人效應」是我們這個時代的流行規則，適用於任何行業。

日本推銷之神原一平，曾很成功地運用了「名人效應」的法則。

33歲那一年，原一平的業績已是全國第一。但他夢想更大的成功。

有一天，他心裡頭突然閃出一個念頭：「讓三菱銀行的總裁串田萬藏幫我寫封介紹信。他所介紹的客戶一定都是企業鉅子！」

他為這個點子激動不已，立即展開行動。他去找公司的業務最高主管。業務主管聽了他的偉大計畫，說：「你的計畫很好，如果能夠成功，我也很高興。不過，我們公司雖隸屬於三菱財團，有些情況你卻不了解。當初三菱投資我們公司（明治保險公司）時，講明了絕不介紹保險。所以，如果我代你向串田董事長請求開介紹信，可能我明天就會被革職。」

可原一平幹勁上來了，不達目的，誓不罷休。他決定親自去找串田。

一天早晨，等了兩個小時，他終於見到串田先生。

「你找我有什麼事？」串田劈頭就問。

「我是……我是明治保險公司的原一平。」

「你找我到底有什麼事？」

「我要去訪問日清紡織公司的總經理宮島清次郎先生，請董事長幫我寫一張介紹信。」

「什麼！保險那玩意兒也是可以介紹的嗎？」

一聽董事長竟然如此輕蔑保險，他一下子火了，罵道：「你這個混帳東西！」

串田愣住了，往後退了一步。

原一平繼續大聲說：「你竟然說——『保險那玩意兒！』公司不是一再告訴我

們推銷員是神聖的工作嗎？虧你還是我們的董事長呢！我要立即回公司，向所有的員工說……」

他衝出大門。可一會兒，他就為自己的粗野懊悔不已。他覺得沒臉再在明治公司待下去了，決定辭職。可就在這時，串田董事長打來了電話，向他道歉，說他自己以前對保險有偏見。既然身為明治保險公司的高級主管，不但對保險應該有正確的看法，而且應當積極地推動保險業務的擴展才對。他還稱讚原一平是一個敬業、優秀的壽險推銷員。

從此以後，三菱銀行介紹了許多有身分、有地位的企業家給原一平，原一平的名字也在三菱銀行迅速傳開了。

任何事，只要你堅信是正確的，事前切勿顧慮過多。最重要的是，拿出勇氣，全力衝過去。過分謹慎，反而成不了大事。

❶ 如何獲得名流的提攜

(1) 加倍努力工作，強調信譽與熱情的力量

「一個讓人放心的人，才會博得他人的同情與支持。」

(2) 讚美他人

人與人交往，適當的讚美會增強和諧、溫暖和美好的感情。真誠的讚美具有不可思議的推動力量，會使對方為了不辜負你的讚美，在受到讚揚的那些方面全力以赴。「讚美是照在人們心靈上的陽光。沒有陽光，我們就不能生長。」

(3) 經常性的拜訪

人是情感的動物，經常性的拜訪，必然可增進相互間的了解——了解他所從事的事業，同時也引導他了解你的工作進展情況。

(4) 傳達一些美好的信息

傳播好消息遠比傳播壞消息有價值得多。好的消息於人於己都有益。

- 傳播好消息時，儘量做到只討論有趣的事，拋開不愉快的事。
- 傳播好消息時，首先你自己要精神飽滿，喜悅溢於言表。
- 將公司先進的保障制度、成功兌現的事例及時傳遞給你的朋友及客戶。

(5) 適當的禮品贈送

一個小小、精美的工藝品，或一份地道的土特產，都能打動對方的心。禮輕意重就是這個理。你送了他禮物，他必心存感激，要嘛對你有深刻的印象，要嘛熱情地幫助你。

(6) **適當的宴飲、娛樂**

不可鋪張。浪費不是什麼美德，鋪張會適得其反；做到儉樸、有情調即可。

❷「名人」的來源

①你的親戚、朋友中有實力的人。

②你目前已經掌握的準客戶名單中，他們或為銀行家、企業經理、律師、學校行政人員，或為小包商、財務人員、家庭主婦。

8 見縫插針法

「見縫插針」的實質就是抓住時機——儘量利用一切可以利用的機會，採取行動，達到預期的目的。

如果把「縫」看成是一種機遇，「見縫」就是要善於發現機遇，捕捉機遇，然後不失時機地「插針」。

在商業領域裡，「見縫插針」一直是許多精明之人所信奉的生意經。

在壽險推銷界更應如此。有這麼一句話：「保險生活法，生活保險法。」雖不是特別響亮，對壽險業務員來說，卻十分有益和實際。這就是說，壽險業務員在生活中要處處留心，抓住每一個稍縱即逝的機會，不必考慮太多，不可猶豫不決，就會不斷有所發現。

原一平曾說：「推銷員必須隨時處在一種備戰狀態中。你就像一座靈敏度極高的雷達，不論走路、搭車、購物、讀書、交談，隨時隨地要注意別人的一舉一動，必須仔細聆聽別人的談話。視而不見、聽不而聞的人，根本沒資格當推銷員。」

為此，他說了一段他的親身經歷——

有一天，我到一家百貨公司買東西。

「這個多少錢？」我聽到旁邊有人問女店員。

說來真巧，問話的那個人要買的東西，也正是我想要買的。

「七千元。」女店員說。

「好，我要了！請幫我包起來。」

說來真氣人，買同一樣東西，我還在為了價錢而猶豫不決時，別人竟然十分爽快地買了去。

我開始對這個人產生極大的好奇。於是，我當機立斷，暫停我的購物行動，跟蹤這位爽快的先生。

看他的態度那麼從容自在，年紀四十出頭，身體健壯，滿頭黑髮。如果在企業界服務，可能是經理級的人物。瞧他花錢的神態，就可以斷定他收入頗高。

他走出百貨公司，橫過人潮洶湧的馬路，走進了一幢辦公大樓。

大樓管理員殷勤地向他鞠躬。果然不錯，是個大人物。我緩緩地吐了一口氣。眼看他走進了電梯，我走向管理員。

「您好！請問剛剛走進電梯的那位先生是……」

「您是什麼人啊？」

「是這樣的。剛才我在百貨公司掉了東西，他好心地撿起來還給我，卻不告訴我大名。我想寫封信對他表示感謝，所以跟著他。冒昧地向您請教。」

「哦！原來如此。他是S公司的山葉經理。」

「謝謝您！」

幾周之後，這位山葉經理成了原一平的客戶。

❶ 善於發現和辨別機會

原一平說：機會不是單純的幸運，它往往潛藏於平凡的現象背後，被表面現象所掩蓋，具有隱藏性、偶然性、瞬時性。

要發現機會，就必須具備靈活的頭腦與敏銳的觀察力。

①時刻注意你所處的環境及社會的變化。

②及時、細心地觀察市場的動向。

③發揮想像與思考力，要有遠見。

④相信自己的直覺。

❷在以下的「縫」隙插針

①在電車中，坐或站在你身旁的人可能就是絕好的準客戶。

②從各類募捐名單中尋找準客戶，告訴他們：保險是獻愛心，利民利己。

③從宗教性的捐款名單中查出捐得較多的人，告訴他們，透過壽險，可以對宗教做出更大的奉獻。

④寄給剛誕生的嬰兒一封信。或許這是他（她）來到這個世界所收到的第一封信，會引起為人父母者的注意。

⑤陪同自己的小孩去參加各類活動，找機會與在一旁觀看的一些父母交談。

⑥經常來往但尚未結識的人（如：售貨亭或雜貨店老闆、存款銀行職員、郵差等）

⑦在某些場合排隊等待時，與前後的人交談。

⑧到教堂參加禮拜時，看到那些虔誠的信徒，別忘了與他們交談。

ch.6 接近準客戶的黃金法則

○大膽地約見你的準客戶。

●以力量而言，人類不及獅子及老虎強猛；靈活方面，又比不上猴子和花貓機靈；逃跑方面，更比不上駿馬和野鹿。但是，我們人類所具有的長處是：總結經驗教訓及求學上進。

1 電話禮儀

電話是現代社會人與人必不可少的溝通工具。用電話與準客戶進行約談，既可以省時省力，又可以免去不必要的尷尬。

但是，電話約談極易遭到客戶的拒絕，特別是保險推銷。大部分保險意識尚不成熟、對保險持有偏頗看法的客戶，往往一聽到壽險二字，便以種種藉口拒絕。

因此，如何正確、有效地利用電話進行約談，也是行銷人員必修的科目之一。電話的那一端不僅傳出你的聲音，還傳出你的精神面貌與形象。

1 使用有魅力的聲音

擁有讓客戶感到不可抗拒的有魅力的聲音，是決定準客戶是否願意與你見面的關鍵。因此，你必須做到：語調熱情明朗、有禮、友善；咬字清晰，段落分明；說話速度快慢適中；善用「停頓」；音量大小適中；言詞聲調配合表情；措詞高雅，發音正確。要讓自己擁有充滿魅力的電話聲音，就必須「勤於練習」。

每天早上起床後，面對鏡子，按照上述原則練習對話術，並用錄音機錄下，以做適當的改正，直到自己滿意為止。

❷ 正確的電話禮儀步驟

①微笑的聲音。當你微笑時，你的聲音也是微笑的。美國數據公司曾用「微笑的聲音」做廣告，要求：腰身挺直、深呼吸、微笑。

②打電話時，要告知對方你自己的身分。「您好，我是××公司的××。」

③專心。不要邊吃東西或邊喝飲料地打電話，甚至與經過身邊的人打招呼。如果真有分神的事，請向通話者解釋，並請他稍候。

④做出適度的反饋，不要一味地訴說或傾聽。

⑤愉快地結束對話：「很高興與您通話，再見！」、「謝謝您花時間和我談話，希望能當面與您商談。」

⑥等對方先掛斷電話，你再掛電話。

——以上步驟均以「富於魅力的聲音」為前提。

2 約談規則及技巧

在電話約談中，你一定要知道電話約談所需遵循的規則。技巧則是對規則的靈活變通。摻雜了技巧的規則，變得精巧而有韻致，要嘛讓人覺得舒心、得手，要嘛讓人覺得貼切、自然，充滿靈性。反之，則是墨守成規。

1 電話約談的規則

電話約談要達到良好的效果，必須遵循下列規則——

- 保持輕鬆愉快的心情。
- 約訪量要大且有持續性。
- 絕不在電話中談論保險。
- 具備專業知識，
- 三分鐘內結束約訪。

通常，電話約訪的內容必須具備以下幾個方面——

- 親切的問候與自我介紹。讓準客戶感到友善、有禮、尊重與誠心。
- 引起準客戶的興趣，誘之以「利」——提到對客戶有利的事。
- 約定時間、地點。

你可採用以下兩種方式約談——

例一：「您好，×先生，我是×公司的××。我們想了解一下貴公司的保險情況，不知您今天是否方便——明天是上午還是下午？那我下午3點鐘準時到，謝謝您能見我。」

例二：「您好，×先生！我是×公司的××。我們這裡有些關於理財的規劃，希望能為您服務。只花您30分鐘，不知您明天下午還是後天、哪一段時間比較有空？我想去拜訪您。」

例三：「×先生，您好！我是×公司的××。您有一位要好的朋友×先生，他特別推薦您的能力。前些日子他很關照我，要我與您談一樁很重要的事，相信您肯定會有興趣的。要與您約個時間，不知道您今天還是明天有空？」

例四：「您好！是××經理家嗎？恭喜您搬了新家！我是×公司的××。我這裡有一份你肯定會感興趣的理財規劃，希望能過去與您面談。只需花您30分鐘時間。可以嗎？」

❷如何應答電話錄音

電話約訪碰到電話錄音怎麼辦？是掛斷，還是留言？你的選擇是什麼？你一定選擇了後者。那麼，該怎樣留言，才能做到「有言必回」？

「您好，×先生！我是×公司的××。我這裡有一份對您的財務規劃相當有幫助的信息。我已經為您空下明天下午2到5點以及後天上午10到12點的兩個時段，請您務必在這兩個時段和聯絡。我的電話是……（再重覆一次）我會等您的電話。謝謝，再見！」

據實驗表現，這樣一則短短的留言，回覆率竟達50%以上。而且，大多數準客戶會在隔天下午就主動回電。所以，千萬不要當電話錄音的逃兵。

①遇到電話錄音時，不要驚慌失措，必須事先準備二至三條應對留言。

②應對時咬字清晰，聲調溫和有禮，遣詞簡潔有力。就當是與人面對面的對談，千萬別當成是對著機器講話。

❸ 應答拒絕的技巧

電話約談，碰到對方拒絕毫不奇怪。對方在不認識行銷人員的情況下，當然會抗拒。所以，成功往往是對拒絕的巧妙接納。一般而言，準顧客的拒絕態度以以下幾種藉口出現。

①「我沒時間！」

應答技巧：「×先生，就是想到您可能太忙，所以才先撥個電話和您約個時間，而不冒冒失失地去打擾您。請問您明天上午或下午哪個時間比較方便？」

②「我沒興趣！」

應對技巧：「是啊！在您還沒看清楚一件事物之前，不感興趣是正確的。」

③「我不會買！」

應對技巧：「沒關係！您聽聽看再決定。不知您明天上午還是下午有空？」

④「我不需要！」

應對技巧：「您可能不需要，但您的家人需要啊！」

3 關係拜訪

「關係行銷」是保險事業安身立命的根基。陌生式行銷雖可快速使一位行銷人員成長，然而，要使保險事業永續經營下去，非靠緣故行銷不可。

因為緣故行銷利用的是人與人之間的那份感情，而感情是可以傳遞的。

一般而言，剛踏入保險業界的新人通常在尋找準客戶時，都會先從自己的親朋好友入手。一來可以減少挫折感。二來可以建立足夠的信心，迎接即將來臨的各項挑戰。

另一方面，人們通常比較信賴自己的親戚朋友。同為買保單，為什麼不先買自己人賣的呢——「肥水不流外人田」便是這個理。

有位張先生，同時有好幾位人壽保險推銷員想賣給他保險，他找種種藉口都拒絕了。他不太相信那些業務員。

可是，有一天，他遠嫁在外的姐姐登門拜訪，直言告訴他，她已是××壽險公司的業務員，這次來的目的是想讓他買一份人壽保險。

姐姐沒有絲毫強迫的念頭，只是深入細緻地給弟弟闡述了保險的意義及價值。弟弟聽完後，便填單買了一份。

事後有人問張先生，為什麼其他業務員推銷時他不買，他姐姐一說他就買。張先生直言道：「我覺得跟自己的親人或知根知底的人買比跟外人買穩當。」

(1) 不強迫推銷

別以為是自己的親戚朋友，就強行讓他們買保。你應當做到——從端正他們的保險觀念入手，讓他們真正體會到投保的重要性。讓他們主動向你買保險，並主動介紹準客戶給你。

(2) 一視同仁

絕不要因為是親朋好友就隨隨便便，必須心誠意切地為他們規劃一份合適的保單，堅持最好、最專業的服務品質。

「一視同仁」，方能證明你是在苦心經營你的推銷事業，也才能讓你的親朋好友更加肯定你、信任你，甚至主動介紹朋友給你。

(3) 微笑著來，微笑著去

有時不一定是親朋好友就好說話，也許他們同樣會拒絕你。如前文所述，拒絕是必然的。這時就要求你千萬別發火，或惱羞成怒，傷了親友間的和氣。

你要做到微笑著來，微笑著去。

親友不向你買保險，並不代表他們反對保險，或不給你面子，可能是他們對你的信心還不夠，這時你更應該努力給他們看，以建立起他們的信心。當你客氣、微笑著離去時，你在他們心中的形象必然會有質的飛躍，再次拜訪時，也許會有意料不到的結果，很多生意都是在第二次以後才成交的。

你不妨試試看！

(4) 必要的小禮品

親朋之間送點小禮品無可厚非。但就在這「無可厚非」之間，你們的情義或理解會更加深一步，在這「無可厚非」中，你客戶名單中便可能多了好幾位熟人了。

4 拜訪法則

世界上許多成功傑出的壽險推銷員都是從陌生拜訪做起，因為這種方法是能夠使推銷員快速成長的唯一方法。

陌生拜訪是採用「挨家挨戶拜訪」推銷保險的方式。當然，其遭到的挫折比緣故拜訪大得多，且容易失敗。但如果能堅持到底，端正心態，直面失敗，其成就往往比一般人大。想靠陌生拜訪闖出一番業績的人，必須擁有比別人更強的毅力與吃苦的精神。

1 原一平式的「地毯式轟炸法」

原一平在最初踏入壽險界時，手頭沒有一個客戶，只好採用「地毯式轟炸法」進行推銷。後來，他總結的經驗是——

第一天：區域不限，採用挨家挨戶推銷。訪問15戶人家之後回家休息。

第二天：繼續第一天的訪問，從第16戶開始，訪問到第30戶後回家休息。

第三天：繼續第二天的訪問，從第31戶開始，訪問到第45戶後回家休息。

（至此，三天共訪問45戶人家。對每一個受訪的準客戶而言，第一次與第二次之間的訪問如果隔太久，準客戶對業務員的印象就淡了，一切又得重新開始。原一平的經驗是訪問間隔以三天為宜，不能過長。於是，從第四天開始進行覆訪。）

第四天：對第一次所訪問過的15戶，在這一天進行第二次訪問，前往催促。

第五天：對第二次所訪問過的15戶，在這一天進行第二次訪問，前往催促。

第六天：對第三次所訪問過的15戶，在這一天進行第二次訪問，前往催促。

第七～十二天，所做的工作與一～六天完全相同。不過，要更新對象。

①覆訪過程中，有願意投保者，立刻安排體檢。合格之後，立即簽約。

②覆訪過程中，對第二次依然沒興致的準顧客可進行第三次覆訪。當然，用電話敦促也不失為方式之一。

❷拜訪量要大

陌生式拜訪，最大的特點是以量取勝，成交率往往是10：1，甚至20：1。這就是說，成交10個客戶，需要你拜訪100到200個準客戶。

想做到「拜訪量大」，必須以「勤」字為先。「勤能補拙」只有勤於拜訪了，你的行銷技巧、應對技巧才能成熟，面對挫折與拒絕的調適能力才能提高。

①做到「寧可掛萬漏一，不可掛一漏萬。」

②堅信「天道酬勤」。

③確定自己每月、每天的拜訪數目，有「的」放矢。

❸ 善於思考

一顆善於思考的頭腦，往往能走出別人所走不出的路來。

善於思考，有助於你少走彎路。

在不斷地碰壁之後，除了必須具備第二次、第三次拜訪的勇氣與毅力外，你還應當善於運用你的大腦，想一想自己屢屢碰壁的原因？為什麼準客戶都持同樣的偏見？找出病因，方能下「藥」。這就需要你——

(1) 詳熟專業知識

因為你每天都要不斷地重覆相同的解說。顧客提出質疑的地方，你要去查書、查條款，或請教資深人員、行銷主管。自己確定無疑，才能服人。

(2) 拓展知識層面

你每天都與不同的準客戶打交道，他們的層次、學識、興趣、嗜好、心理都不同。這就需要你不斷拓展自己的知識面，積累豐富的經驗，針對不同的人說不同的話，以引起他們對你的興趣。

(3) 敏捷的應對能力

敏捷的應對能力來源於勤於思考、勤於練習。「熟能生巧」就是這個理。你思考得多，大腦中就能存下許多應對措施，當你面對不同準客戶的不同反應時，腦海中就能迅速地閃現出（應該是自動跳出來）最恰當的應對措施。

①養成每天晚上睡覺前回想白天所拜見的準客戶，總結其心理特徵的習慣。

②自己應採取的最佳應對措施（是否最佳，不妨下次碰到時再驗證一番）。

③在腦海與日記中記下這些，並定期翻看，一邊重複記憶，一邊不斷校正。

5 拜訪技巧

壽險行銷人員在進行陌生拜訪時，必須做到的心理準備：被拒訪是正常的。你不應該過高地期望準客戶第一、二次面對陌生的你就敞開心扉，接納保險。

記住：成功往往是百分之九十九的汗水，加百分之一的技巧。不要企求一次中靶，應該在不斷努力中思索如何才能打動準客戶的心，讓準客戶發現自己的需要，發現你推銷的是愛心與熱情？這「如何」便是那有助於成功的百分之一。

❶ 培養敏銳的觀察力和判斷力

當你站在一家準客戶門前，對這戶人家一定有一種感覺——「家庭的味道」。

「家庭的味道」由以下幾個元素組成——

門前打掃的清潔程度；進門處各種鞋子的擺放情況；家具的質地、檔次、擺設狀況；從屋裡傳出來的聲音；房間裝飾的格調，整個家庭的氣氛。

由以上幾點觀察，你可以迅速判斷出——

①這一家人生活有無規律，是嚴謹，還是是鬆散？

②這一家人的經濟狀況是好是壞？

③家庭中的氣氛是否明朗、健康、和諧？

④這一家人的文化修養或知識層次如何？

判斷至此，就可以根據上一節的特訓方式，迅速做出應對措施，進行說明。

想擁有敏銳的觀察力和判斷力，需要不斷地積累經驗。你要善於思考，從當下做起。判斷之後，要依不同的家庭味道，施展不同的戰略。墨守成規難有成就。

❷以「幽默」拉開序幕

快樂的人生中有一條原則就是——要恰當地運用智慧的幽默。

一、兩句略帶有俏皮與智慧的幽默，可以縮短你與準客戶的距離。

原一平曾講了這樣一個事例——

「您好，我是原一平。」——（用雙手遞過去名片。）

「噢！明治保險呀！你們公司的推銷員昨天才來過呢！我一向討厭保險啊！」

「是嗎？不過，我總比昨天那位同事英俊瀟灑吧！」

原一平跟對方開了個小玩笑。（原一平是有名的小矮子，又黑又醜。）

那人忍不住哈哈大笑起來。

原一平這才一本正經地說：「矮個兒沒壞人。再說，辣椒是愈小愈辣嘛！只要您給我30分鐘時間，就會知道我與那位仁兄有何不同了。」

不論如何，設法把準客戶逗笑了，然後自己跟著笑，當兩個人同時開懷大笑時，陌生感消失了，彼此的心也就在某一點上溝通了。

千萬不要油腔滑調。一不小心，「幽默」便可能成了「油滑」。油滑讓人生厭。幽默時，要特別強調聲調與態度的和諧。否則會引起對方誤會，以為你瞧不起他。是否運用幽默，要以「家庭味」中做出的判斷為依據。

3 以「讚美」為開場白

「先生，您好！」

「您是誰呀？」

「我是公××司的××。今天到貴府，是因為有兩件事，專程來請教您這位附近最有名的老闆。」

「附近最有名的老闆？」

「是啊！根據我打聽的結果，大夥兒都說這個問題最好請教您。」

「哦？大夥兒都這麼說？真不敢當！到底是什麼問題呢？」

「實不相瞞，是……」

「站著不方便，請進來說吧！」

……

每個人都渴望別人的重視和讚美，只是大多把這種需要隱藏在內心深處罷了。因此，只要你說「專程來請教您這位附近最有名的××」，幾乎百試不爽，沒有人會拒絕。這一讚美的話語運用在商店街的直接拜訪時最為有效。不信，請試試看！

讚美要適度，充滿真誠，出自肺腑。切忌肉麻、做作。讚美對方的勞動成果，或心愛的寵物。讚美的對象如果是政界要人，可以旁敲側擊，讚美他的書畫、文章或演講。

6 選擇拜訪時間

每一位受訪的準客戶，因職業的不同，生活起居往往有很大的差異。由於每位準客戶的休息時間不同，壽險業務員必須因受訪者的起居而做彈性的適應。只有愚笨的推銷員才會只顧自己方便，由著性子進行訪問。此種訪問遭到準客戶的反感及拒絕是意料之中的。

①一般商店——大約在上午7至8點是最理想的訪問時間，因為一般商店的生意一大早最清閒，是訪問最理想的時刻。

②較晚打烊的商店——此種大約在深夜才關門的商店，大都在中午以後才開始營業，所以恰當的拜訪時間是下午2點左右。

③醫生——大概從上午9點開始，病人就川流不息，因此上午7到8點應該是適宜的訪問時間。

④公司職員——如果到公司訪問，應該在上午11點以前；若是去住宅，適宜在晚上6到8點之間進行。

⑤魚販與菜販——這是個較特殊的行業，大清早去採購，不但整個上午忙碌不堪，下午4到6點也是生意興旺之時。所以，最適宜拜訪的時間應在下午2點左右。

(1)繪製各行各業準客戶最佳訪問時刻表

繪製此表時要做到實地調查，以求準確。根據你所在地方的具體特點繪製。對照此表，可統籌安排一天的拜訪時間。如上午拜訪公司職員、商店老闆，下午拜訪菜販、值班人員等。

準客戶最佳拜訪時刻表（例表）

時間／行業	工作特殊	第一最佳時間	第二最佳時間	備註
一般商店				
特點商店				
理髮員				
公司職員				
教師				
醫生				
保安人員				
各式小販				
家庭主婦				
等等				

(2) 計劃自己的時間

時間就是金錢。推銷員必須用心安排自己的時間，以免因選擇不當而浪費時間。「凡事經合理安排才有序，有序才能產生成果。」

海倫．格利．布朗說：「你可能非常努力工作，甚至因此在一天結束後感到沾沾自喜。但是，除非你知道事情的先後順序，否則你可能比開始工作時距離你的目標更遠。」因此，你還得為自己再製訂一個日程表。

〔第一步〕寫下你第二天將要拜訪的5～10位準客戶。

〔第二步〕在這5～10位準客戶中排出「先重後輕、先急後緩、先易後難」的順序，用1、2、3、4……或A、B、C、D……標明。

〔第三步〕你第二天早上第一件事是把紙拿出來，拜訪你標「1」或「A」的準客戶，然後再拜訪「2」或「B」，以此類推。

〔第四步〕每天都堅持這樣做。

——拜訪時，要靈活掌握時間，在有限的時間內達到面談的目的，突出重點，闡明壽險的意義。不可拉家常或顧此失彼，陷入閒扯之漩渦中。

7 有效的說明

「人要衣裝，佛要金裝。」

那麼，作為商品之一種的壽險要什麼包裝呢？

答案很特別：需要行銷人員有效的說明。

行銷過程中，商品的說明有舉足輕重的地位，說明的好壞直接影響到保險商品的成交。有效的說明不僅決定著壽險的成交，更重要的是你首先決定你能否接近準客戶。為此，當你準備接近準客戶時，你是不是想過：客戶是怎樣的人？客戶需要的是什麼？你能提供什麼樣的服務？你想讓他了解什麼？怎樣說明，準客戶才最容易了解？如何讓準客戶在你說明的過程中，湧現購買的欲望？

所以，聰明的保險行銷人員必須在行前先針對欲說明的對象獲得透徹的了解。

(1) 說明前的必要了解

Ⓐ市場區域

能讓你了解你的客戶所屬的市場區域，其特點、收入、年齡、職業、性別、教育程度。針對這些特點，你可以設計合適的保險說明技巧、保險種類。

Ⓑ客戶資料分析

讓你預先對客戶有個較深入的了解，如客戶的興趣、個性、家庭狀況、身體狀況、投保意願的強度、可能的投保金額等等，據此設計出最符合客戶利益的一兩種壽險組合。一些在你說明時用來作為輔助說明的數據資料一定要事先通盤了解，經過消化之後，成為解說壽險商品的一項有力的佐證。

(2) 說明時必須遵守的幾項原則

①內容簡單化

②資料數據化

③態度恭謹有禮

④保持微笑及耐心

⑤言辭簡潔有力

⑥時間宜短不宜長

⑦確定準客戶完全了解壽險的意義

⑧留下覆訪的藉口

8 建立系統的準客戶檔案

隨著對準客戶的深入調查及接近，你對準客戶的認識會隨之發生變化。因此，你必須建立系統的準客戶檔案，以便採取下一步更切實的方法，使你與準客戶成交。建立準客戶的系統檔案，有助於壽險行銷員有條不紊地走向成功。

❶ 準客戶檔案的內容與格式

①客戶資料：姓名，出生年月日，配偶姓名及年齡，兒女年齡，公司，職務，收入（本人的收入、配偶的收入、其他收入），地址，教育背景，是否加入保險（團體、個人），參加社團，職位，個性，對保險的認識。

②業務進行：預訂拜訪的時間地點，拜訪次數，拜訪後印象，成交的可能，實際需要的品種，用什麼方法可促使成交，不能成交的原因，補充內容。

圖表格式

<table>
<tr><th colspan="8">準客戶資料檔案</th></tr>
<tr><td colspan="2">姓名</td><td></td><td>出生年月</td><td colspan="2"></td><td>家庭地址</td><td></td></tr>
<tr><td colspan="2">工作單位</td><td></td><td>單位地址</td><td colspan="2"></td><td>職務
工作內容</td><td></td></tr>
<tr><td colspan="3">配偶姓名與年齡</td><td colspan="2"></td><td colspan="2">兒女年齡</td><td></td></tr>
<tr><td>本人
收入</td><td></td><td>配偶
收入</td><td></td><td>其他
收入</td><td></td><td>教育
程度</td><td></td></tr>
<tr><td colspan="3">是否參加保險</td><td colspan="2">參加類型</td><td colspan="3"></td></tr>
<tr><td colspan="3">興趣、愛好</td><td colspan="5"></td></tr>
<tr><td colspan="3">參加的社團</td><td colspan="5"></td></tr>
<tr><td colspan="3">個性（性格）</td><td colspan="5"></td></tr>
<tr><td colspan="3">對保險的認識</td><td colspan="5"></td></tr>
<tr><th colspan="8">業務員工作方面</th></tr>
<tr><td colspan="3">預訪的時間、地點</td><td colspan="5"></td></tr>
<tr><td colspan="3">拜訪的次數</td><td colspan="5"></td></tr>
<tr><td colspan="3">拜訪的內容</td><td colspan="5"></td></tr>
<tr><td colspan="3">拜訪後的印象</td><td colspan="5"></td></tr>
<tr><td colspan="3">是否有成交的可能</td><td colspan="5"></td></tr>
<tr><td colspan="3">用什麼方法促成成交</td><td colspan="5"></td></tr>
<tr><td>備註</td><td colspan="7"></td></tr>
</table>

❷ 準客戶檔案的使用

①每晚將當天獲得的人名和有關資料存入電腦檔案。

②把第二天準備拜訪的準客戶表（包括覆訪）取出，按主次順序排好。多帶幾份。

③當天取出的準客戶檔案沒有被訪問到的，應當留待第二天再進行。

④對已接觸但還沒約談的人，將他們的資料放回原處，記下日期和簡要的補充內容。

⑤經過拜訪，可淘汰部分永遠也成交不了的準客戶。

ch.7 與準客戶面談溝通的技巧

○沒有人喜歡被強迫購買或遵照他人的命令行事。

●如果你想贏得準客戶的合作，就要徵詢他的願望、需求以及想法，讓他覺得這個決定是出自於他自己本人的意願。

○少說多聽是你溝通成功的重要法則。

1 完美的第一印象——印象構成

有人說，推銷成功的關鍵就在於與客戶交談的最初十分鐘。這說法有點誇張，卻點明了第一印象的重要性。

一個穿著整齊得體，談吐自然流暢又充滿自信的人，往往給人一種十分愉快的感覺，自然而然，人們就願意與這樣的人接近、打交道，從而雙方就容易溝通。

完美的第一印象可以打消準客戶對業務員的心理戒備。

有了客戶初步心理上的接受，就為你實際進行推銷打下堅實的基礎。因為只有在這種情況下，你才有機會與顧客傾心交談。否則，即使準客戶讓你介紹，也可能只是敷衍。

留下好印象，即使初次推銷不成功，還有讓客戶介紹其他客戶或在以後成交的機會。完美的第一印象能使他人如沐春風，能使他人打開鎖閉的心扉，與你侃侃而談；完美的第一印象意味著你以獨特的個性魅力，做了無聲的自我介紹。

良好的第一印象就是無論在什麼場合都注重外表穿著是否得體，肢體語言是否與言辭表達相符，禮貌儀節是否周全。

你能給他人留下好的第一印象嗎？試試看，只需回答「是（能）與「否」。

①出門前，是否做到檢查並整理自己的儀表、儀容？

②能否主動跟人「熱情地打招呼」？

③與人握手是否有力度且有分寸？

④與人交談時，是否能做到先傾聽他人說話？

⑤是否經常面帶微笑？

⑥能否做到不打斷他人的談話？

⑦說話時能否改變不良的肢體習慣（左右晃動、手玩東西、眼望別處、邊說邊點頭）？

⑧能否謙虛禮讓（如共餐時，讓他人先入座，你後入座；進出門時，讓他人先進出）？

⑨拜訪他人時，能否做到樂觀、自信？

⑩與人交談時，能否做到不卑躬屈膝或點頭哈腰？

答案如果均為肯定，那你就是一個討人喜歡的人；肯定者不能達到半數以上時，你就要通過訓練自己，以求改變你給他人的第一印象。

在此，建議您——

(1) 消除自謙與自卑

推銷員在推銷中，會自然產生一些顧慮。比如，不可避免地要占用購買者一些時間、要一個並不富裕的客戶拿出一筆為數不小的保險費、拜訪的時間不適當、對方是一個大人物等等。這些顧慮往往導致推銷員過分自謙和自卑。

要知道：你去拜訪準客戶，不是為別的，而是向他推銷對他及他的家庭有用的保險商品——一種愛心與關懷。既然如此，就沒有半點自卑的理由。

(2) 消除內心的緊張情緒

有些業務員在面對客戶時，會緊張得手足無措，語無倫次，大汗淋漓，甚至想要迅速逃離。這不僅會影響你給他人的第一印象，也會影響以後的工作。

記住：消除心理緊張，唯有通過不斷拜訪加以克服。去爭取陌生人的支持，抱著「你即使拒絕，對我也沒什麼損失，只多開了一次口而已」的態度，緊張情緒便會自動消失。

2 完美的第一印象——印象守則

完美的第一印象就是你留給他人的第一感覺，是你個性直接外露的一個方面。完美的第一印象不僅需要你日常注重衣著、姿態、儀容、言談等構成性因素是否得體，還必須強調，你對留有完美的第一印象的行為守則要做到駕輕就熟。

〔守則1〕自重待人，誠信待人

「自重者，人恆重之。」一個人能尊重自己及自己的職業，就能尊重他人及其一切，贏得敬重。若連自己都看不起，對自己的職業信心不足，又怎能期待他人的尊重？記住，你從事的是一種高尚、傳播平安且美好的事業，你應該覺得驕傲。

「想得到什麼，就必須先付出什麼。」只要肯待人以誠，人就能以誠待你。

〔守則2〕態度誠懇

出眾的儀表並不足以代表一定會推銷成功，誠懇的態度卻絕對能使你樹立起絕佳的形象。

①當準客戶拒絕投保，態度不友善時，你千萬別惡言相向。你可以換個角度

看：是因為準客戶對保險的認識不清，才有這樣的反應。

②你應站在他的立場看問題，心平氣和地，充分理解他的想法，並更加誠懇，以獲取他的認同。

〔守則3〕形象專業化

現代社會是一個講究專業化服務的時代，如何在客戶心中建立起良好的專業化形象，是從事保險行銷人員必須特別注意的。

專業化形象包括兩個部分：知識部分、技巧部分。

①知識部分的準備：壽險代理人資格證書、保險經紀人資格證書、財務規劃師證書等等。

②技巧部分的準備：人際溝通、財務規劃、銷售說明、客戶管理。

〔守則4〕保持良好的風度

要成為準客戶最信賴的超級行銷人員，必須建立良好的服務品質，保持翩翩風度；不詆毀其他同業行銷人員、公司、產品；不與準客戶起爭執，要想著「客戶永遠是對的」；不急功近利，讓客戶感到害怕、厭惡（切記：不要「貪」）。永遠保持最佳的笑容、耐心。

〔守則5〕遵守約定時間

養成守時的良好習慣是身為一個壽險業務員必須謹記在心的原則。

不管你有什麼「了不起」的藉口，你跟客戶約好了時間，卻遲到一、二十分鐘，不但耽誤了對方的時間，也可能喪失準客戶對你的信賴——一個連守時都無法做到的人，還能期待他遵守什麼約定呢！

因此，你必須做到——

①提前5分鐘趕到約會地點。寧可讓客戶負你，決不可有負於客戶。

②養成隨身攜帶日程表的習慣。

③如果真有更重要的事，必須馬上處理，要事先向準客戶道歉並說明原因。

3 同化

何謂「同化」？「同化」就是以行為的表現減少人我之間的差異，設身處地為別人著想，以達成共同的觀點。同化所產生的結果是彼此的關係愈加融洽。因此，同化是一項基本的溝通技巧。當人們擁有共同的眼光，彼此關心，或是想加深關係時，很自然就會用上這項技巧。

也許你會很訝異，其實，同化是時常出現在你的生活中的。

你是不是曾經在和別人談話的時候，意外地發現，你們倆是在同一個地方長大或是念同一所學校？有了這樣的發現，差異就減少了，彼此也就感到更加親近。這就是同化的經驗。

你有沒有發現，和鄉音濃重的人談話時，你自己說話的腔調也有點像他們？如果真是這樣，那是你想和喜歡的人打成一片的自然表現。

如果你曾經打扮得很正式地到某個地方去，結果卻發現其他人都穿短褲、T恤，就能體會到什麼是格格不入的感覺了。

好了，你已經知道什麼是同化以及同化的作用。

那麼，如何才能做到同化呢？

❶以身體語言和臉部表情進行同化

「身體語言」是一個人性格的外在表現，你只要注意到他人的身體語言，並予以配合，就能獲得很好的溝通效果。

有些人可以用手說話，有些人則只會用嘴巴說話；有人幾乎對所有人都禮貌地微笑，有的人則對每個人都皺眉頭，還有的人高深莫測；有些人站著說話，有些人則喜歡坐著說話；有些人彎腰駝背，有的人則抬頭挺胸。

當你和一個蹺著二郎腿的準客戶交時時，你不妨也下意識地蹺起腿來；要是這個客戶放下腿來，身體往前傾，過不了幾分鐘，你也要做同樣的動作。

因此，用你的肢體語言去響應他人的肢體語言，你會發現，在不知不覺間，你們已建立起很好的合作基礎。

2 以語速與音量進行同化

如果你要與準客戶溝通成功，一定要做到音量與語速的同化。

心理學研究表明：相同的語速與音量可以打消溝通中的緊張感與戒備心態。對一個細聲慢語的人，就不能採用高速而大聲的交談方式；相反，對於一個快言快語的人，又不能採用緩慢而凝重的方式。因此，你要做到：不要有語速與音量的優越感。溝通中的語速與音量可不是為了競賽拿冠軍。對方說話大聲時，你也要大聲；對方快言快語時，你也要加快語速。

當然，準客戶說話時，你並不一定要說話，因為更多的時候需要你傾聽，這就需要你配合他人說話的速度——當他緩慢地談話時，你要緩慢地點頭；當他說話快速時，你要迅速地點頭或做出反應。

要做到這一點，就要求你平日多練習自己的觀察力——察言觀色。

只有敏銳和善感的觀察力，才能夠和他人的語音及速度隨時配合。

3 心理活動的同化

這才是從他人的觀點看問題的關鍵。

當然，心理活動往往是通過呼吸輕重、行為舉止（小動作）、語氣、眼神、還有肢體語言等方式表現出來的。

當你了解準客戶的內心活動，做到了以上五個方面的同化之後，再適當地投其所好，給他以必要的滿足感（包括被尊重、被讚揚），你就能得到很有效的溝通效果了。

關於這一點，請你牢記哈佛商學院唐哈姆院長所說的一段話：

「會見某人之前，我寧願在他的辦公室前面的人行道上多走兩個小時，而不貿然走進他的辦公室。因為腦海中沒有清晰的概念，不知道該說些什麼，也不知道他——根據我對他的興趣及動機的認識判斷——大概會怎麼回答。」

4 別強加你的想法於他人

推銷之神原一平說，如果你想贏得準客戶的投保，就要徵詢他的願望、實際需要及想法，讓他覺得他自己是出於自願。

沒有人喜歡被強迫購買或遵照他人的命令行事。許多行銷員為了使準客戶同意自己的觀點，就滔滔不絕，說個沒完，好像非如此不可。這未免有點操之過急。心急並不能把事情做好，也許反倒會適得其反。

每個人都重視自己，喜歡談論自己，他們可不願聽一個嘮嘮叨叨的人自吹自擂。如果你想得到他的認同，最好先讓他說。即使你不同意他的意見，也不要打斷他的話。那樣會造成對方的抵觸情緒。因此，你要學會運用寬容心態，耐心地聽，然後對症下藥。

每個人都有相同的需求：都希望別人重視自己，關心自己。給他人一種優越感，你們的溝通就能順利實現。

那麼，怎樣做才能做到讓他人覺得想法是自己的呢？

(1) 讓他盡可能多說，你少說，但要做到「少而精，抓住要害」

尊重是一劑解藥，可以解開彼此的冷漠與隔閡。

(2) 誘惑準客戶表達自己的想法與看法

不妨採用「投其所好」的方法。投其所好其實並不難，只要你好好觀察再巧妙地利用心理暗示即可。

在此，建議你——

①主動挑起話題，引起對方的興趣，然後鼓勵對方說下去，使其得到尊重與滿足，同時診斷出客戶的疑惑所在。

②可舉例引述，引出對方的看法。如「××公司的×經理這麼說壽險……」

「你們這一幢樓上的×先生認為壽險……」

——引述話題一定要做到「無意中」、「自然」流出的感覺，不做作。

5 學會傾聽

推銷之神原一平說，一個人以言語表達自我的時候，會希望聽他說話的人能有所回饋，也希望別人能了解他們。即使這些說話的人，有時候連自己也不了解自己的情況，但也都希望能獲得別人的了解。

大多數人一生中有百分之七十到百分之八十的時間都在從事某種形式的溝通：寫作、說話或傾聽。我們很多人都曾經上過教人如何寫作、閱讀、說話的課程，這些課程可以在學校中學到。但在學校或是企業環境中卻找不到正式的訓練傾聽的課程，而「傾聽」無疑是溝通過程中最重要的技巧。因此，溝通高手在嘗試讓人傾聽和了解之前，應先學會傾聽和了解別人——推銷員尤其如此。

傾聽別人說話並且顯得對談話的內容很感興趣，這是與人相處最重要的禮貌之一，對他人而言，也是一種最高的恭維。聽他人講話，你可分析其心理活動，抓住其薄弱的環節，對症下藥，助成你的業務。

聽他人講話，也是你謙虛的表現。適度的謙虛是一種美德。

成功學大師拿破崙．希爾說：「專心聽別人講話的態度，是我們所能給予別人的最大讚美。」

有效的推銷是你自己只說三分之一的話，把三分之二的話留給對方去說，你傾聽。傾聽，能真實地了解他人，達到徹底溝通。

1 傾聽的藝術

有人說：「用三隻耳朵傾聽。第一隻專門聆聽客戶說些什麼，第二隻專門傾聽他們不說些什麼，第三隻則細聽準客戶所想要說卻不知道該怎麼說的東西。」

身為壽險行銷人員，耐心是必備的條件，尤其是傾聽時。準客戶就如同一面鏡子，行銷人員的任何神態、表情都通過他的觀察，任何不耐煩（包括眼神）總是會準確無誤地反映出來。所以，耐心不可少。

適時做出適當的反應，可以讓客戶明白你是真的在聽他說話，而不是心不在焉。聚精會神地聽講，是對發言者最大的尊敬。

可以輔助以下的反應：

——「哦！」

——「是這樣啊！」

——「後來呢？」

——「是嗎？還有呢？」

——「嗯！有道理！」

——「你剛才的意思是……」

——「你的話是不是可以這樣概括……」

要記住「顧客永遠是對的」這句服務業的宗旨。你不一定要絕對附和準客戶的觀點，但不要堅守自己的立場，否則會讓談話的氣氛僵持不下，不利溝通。

你可以在不打斷對方談話的原則之下，適度表達自己的見解，但不要傻傻地，想要企圖說服對方。

❷ 傾聽的原則

①傾聽時不東張西望。東張西望表示你沒有耐心，或是內心焦慮。如此，你可能無法達到溝通的目的。

②傾聽時要做到對事對人。對方或許表現出令你反感的態度，這時仍然要訓

練自己注意聽人家說話。即使是仇人說的話，也有值得聽的地方。

③注意弦外之音。注意準客戶沒有說出來的話、沒有討論的信息或觀念，以及答覆不完全的問題。

④注意非語言性的暗示。對方嘴巴上說的話實際上可能與非語言方面的表達相矛盾。學習去解讀其情境。

⑤表示十分感興趣。沒有比真心對人感興趣更使人受寵若驚了。

其實，最會說話的人，就是最會傾聽的人。這種人去到哪裡都會受歡迎，誰說一定要伶牙俐齒呢！

6 不要說「不」

推銷之神原一平說，跟你的準客戶溝通時，最好不要以討論不同「異」見作為開始，代之以強調而且不斷強調雙方所同意的事。盡可能使對方在開始的時候說「是的，是的」，而不使他說「不」。

《影響人類的行為》中有這樣一段話：

「『不』是最不容易突破的障礙。當一個人說『不』時，他所有的人格尊嚴都要求他堅持到底。也許事後他會覺得自己的『不』說錯了；然而，他必須考慮到寶貴的自尊：既然說出了口，他就得堅持下去。」

因此，一開始就使對方採取肯定的態度是最重要的。

「懂得說話的人都在一開始就會得到一些『是』的反應。接著就把聽眾的心理導入肯定的方向。就好像打撞球的運動，從一個方向打擊，它就偏向一方；要使它反彈回來的話，必須花更大的力量。」

讓你的準客戶一開始就說「是」，他就會忘掉爭執，樂意去做你所建議的事。

紐約格林威治儲蓄銀行的艾伯森曾用這種「不說『不』」的方法挽回了一名客戶。一個年輕人進來要開一個戶頭。艾伯森給了他一些平常的表格讓他填。有些問題，年輕人心甘情願地回答了，但有些他則根本拒絕回答。

艾伯森本想對年輕人說，如果你拒絕對銀行透露那些資料，我們就不能給你開戶頭。但再一想，如果這樣做，只能使自己覺得痛快，因為這體現了誰是老板，也體現了銀行的規矩不容破壞。但對顧客而言，卻有一種被尊重的感覺。

艾伯森決定在一開始就使對方說「是」。他微笑著說：「你拒絕透露的那些資料並不是絕對必要的。」

「是的，當然。」年輕人回答。

「你難道不認為，把你最親近的親屬的名字告訴我們是一種很好的方法嗎？萬一你發生了什麼事，我們就能正確並且毫不耽擱地實現你的願望。」

「是的。」年輕人又說。

那位年輕人的態度明顯地軟化下來。當他發現銀行需要那些資料並不是為了別人，而是為了他自己時，他就變得輕鬆起來。在離開銀行之前，他不只告訴艾伯森所有關於他自己的資料，還在艾伯森的建議下，開了一個信托戶頭，指定他的母親為受益人，而且很樂意地回答所有關於他母親的資料。

當你的準客戶一開始便持否定態度時，請你不要與他爭辯，運用你的智慧與耐心，誘使他說「是的」。

為此，你必須做到——

①誘導時必須經過大腦的思考。

②多提問，設置有利於回答「是」的問句。

③勿說廢話和與推銷主題不相干的事。

④不打斷對方，不急於下結論。

⑤不要時刻想著該如何回答對方，而是要讓對方如何用「是的」回答你。

7 巧用名片

別小看名片在溝通中的作用。它不僅是推銷商品的工具，也是業務員自我推銷的工具。汽車推銷大王齊·古拉德說：「如果在眾多推銷工具中要我選擇一項，我可能會選擇名片卡。」為此，他為自己設計了一種非常特殊的名片，名字十分醒目，並在上面印上永遠微笑的照片。

遞名片是自我推銷的關鍵行為。有的行銷人員覺得隨時隨地給他人名片或跟他人交換名片不好意思。這都是沒有信心，意志不堅定的表現。如果一位行銷人員存有這種想法或心態，就說明其內心並沒有完全認同自己的工作。一個沒有信心，甚至對自己的工作都不認同的人，又怎麼能與準客戶做到溝通？

大凡成功的推銷員，他們的名片都是精心設計的，與眾不同。

❶ 名片的巧思

日本有位壽險推銷人鈴木先生，在名片上印著一個數字——76650。顧客接到他的名片時，總是好奇地問：「這個數字代表什麼呀？」

他就反問：「您一生中吃幾頓飯？」幾乎沒有一個顧客能答出來。

鈴木先生便接著說：「76650頓飯嘛！按日本人的平均壽命計算的……」

如此方式，讓準客戶既感到新奇，又感到生命緊迫，話題自然而然會引述到壽險的意義上，溝通便在這種引人深思卻又不失好奇的氛圍中展開。

另一個故事是汽車銷售冠軍的椎名先生。一九六九年進入豐田汽車公司的椎名保文僅用四年的時間，就推銷出一千輛汽車，頗讓同事們瞠目。

他在豐田公司摸爬滾打17年後，名片上印著這樣一段話——

顧客第一是我的信念，

在豐田公司17年之久是我的經驗，

提供誠懇與熱情的服務是我的信用保證。

請多多指教。

這段話是用手寫的字體。這張名片比一般名片大了兩倍，除了公司的名稱、地址、電話以外，上面還寫著「成交五千輛汽車」，並貼著一張椎名保文兩手比成V字的上半身照片。名片的背面印著他的生平簡歷，末尾則是他家的電話號碼。

不管處於何時何地，一有機會，名片就必須出手；而且，必須充滿自信，堅定地遞出自己的名片。隨身攜帶自己的名片，最好放十幾或二十幾張在名片夾內。做到每天出門前必先檢查看是否帶足。準備空白名片。萬一對方沒帶名片，你可以遞上空白名片，讓準客戶留下他（她）的姓名及地址。

❷ 與他人交換名片的方式

(1) 寒暄或打招呼式

「嗨！您好！很高興認識您！」

「你是？」

「我是××公司的××。能交換一下名片嗎？」手裡準備好名片，說著，就熱情地遞上你的名片。

一般人都不會拒絕。這樣，你便成功了。

(2) 誘導式

當對方說：「哦，對不起！我沒帶名片。」或故意推托時，你應當微笑著說：「沒關係！我這裡有空白名片，請您留下大名及地址（遞上準備好的空白名片及筆）。」只要行銷人員懂得掌握時機及氣氛，通常對方會下意識地在你一步步的誘導中寫下你所要的資料。

在對方填寫的過程中，你可適度地加入讚美的話，如：

「×小姐，您的名字如同您的人一樣，真漂亮（或秀氣）。」

「×先生，您的字真是大開大闔，先生想必是個豪爽之人。」

「嗯！這麼巧，你也住在××區的××街。我（或我的二舅媽）也住在那條街。真有緣呀！」

切記：恭維一定要真切、自然，不可亂恭維，引起他人反感。

ch.8

優秀業務員面談技巧

○有一種人喜愛獨占一場談話，他們憑恃著無礙的辯才，口若懸河，搶盡了風頭。殊不知，談話必須是有來有往的，一個雄辯滔滔的推銷員雖然是口才的巨人，卻可能只是業績上的侏儒。優秀的業務員都知道，談話是需要技巧的。

1 自我行銷術

在推銷界有這樣一句名言：

「把產品推銷出去之前，先推銷你自己。」

換句話說：學會推銷自己，才能學會推銷產品。

原一平說，想推銷你自己，除了整潔的儀表儀容之外，另一個重要的工具就是──語言。如何巧妙、得當地介紹你自己。就如一個好的故事需要一個好的開頭，面對客戶，你也需要一篇恰當的介紹辭。

好的介紹辭既是推銷自己的成敗關鍵，也是你留給準客戶第一印象的關鍵。

1 練習陌生式介紹辭

當你拜訪一些大型企業的高層人士、商界的老板等人時，在沒有第三者可以幫助的情況下，與他們第一次見面，可採用以下的方法──

①先生，您好！我是××公司的業務（雙手遞上名片，退一步）。想打擾您幾分鐘。我這裡有一份新的人生規劃，相信您一定會感興趣。

②先生，你好！我是××保險公司的××。今天特地前來拜訪您，提供我們公司最新的保險計畫。我曾經把這計畫提供給很多像您一樣成功的人士，在經過相互商討之後，他們都接受了我的建議，所以我想占用您五分鐘時間，為您說明這項計畫的內容。您能特別撥出五分鐘時間嗎？

自我介紹時，必須表現出極強的自信心，在心裡為自己激勵：我是最優秀的壽險高手，來這裡是為了幫助客戶解決問題。

❷ 練習親密式介紹辭

如果你要拜訪的客戶事前經人介紹，或者通過調查，對他有比較詳細的了解，又或者與他有一面之交，你不妨採用以下的方式——

①您就是張經理嗎？早就獲聞您的大名！我是××壽險公司的××。今天有幸前來拜訪，有幾件事，想要向您討教……

②陳先生，您好！我是××公司的××。我曾和您的好朋友××先生探討過一些有價值的觀念。事實證明，對他的家庭非常有益。所以，他建議我能來和您談一談。

③陳先生，不知您是否還記得，我們上一次在電話中提及我曾有幸和您的好朋友××先生談及保險的事，他覺得您一定會感興趣的。

④嗨，老馬！忙什麼呢？我最近幹起壽險推銷啦！這裡有一份計畫，非常適合你，您什麼時候有空……（只適用與你關係特別親近的人）。

運用親近式時，一定要掌握分寸，視關係的親近度而行。否則，可能會弄巧成拙。必須做到大方、自然，不可流露出演戲的假相。

2 「拋繩術」

著名的壽險推銷員法蘭克・貝特卡曾親眼目睹船隻靠岸的情景，觸發他對準客戶面談時運用說話術的靈感。當船隻徐緩地靠近碼頭時，船員立刻往碼頭拋出麻繩，岸邊的人很熟練地接著，用力往身邊拉。麻繩後面連著較粗的麻繩，以便拴緊於岸邊的鐵柱。船長向他說明細的麻繩稱為拋繩，較粗的叫主繩，因笨重，必須先以細繩引導。法蘭克發現：細麻繩未被接住之前，那些粗笨的主繩起不了任何作用。

因此，在你與準客戶進行面談之前，非常有必要拋出一些有用的「拋繩」，將準客戶與你緊密地連接在一起。

❶ 恭維「拋繩術」

①間接恭維法。即借他人之口恭維——

——久聞許先生大名！李先生告訴我，您是一位非常成功的企業家。

——據附近鄰居反映，張先生（經理）是這一帶最能幹的人！

②旁敲恭維法。即以準客戶的成就、房間擺設、寵物為突破口——

——這張照片拍得真不錯！李先生，這是您的公子吧？那神態真是活潑可愛！

——這幾幅字畫真棒！難怪胡先生說張先生的藝術修養很深。

③曲徑通幽法。對名人及政界要人，恭維時可拋開其政績或業績，而恭維其他方面，以達曲徑通幽的目的——

——張部長的詩集我拜讀過，詩寫得非常棒，其中這幾句我非常喜歡……」

（背誦出幾句。這就要求你在拜訪前，必須有充分的準備。）

——張先生說，李處長的字寫得非常有神韻！這幅字就是您寫的吧？（如果不是，「噢，都快以假亂真了。」如果是，「真是名不虛傳呀！」）

運用恭維「拋繩術」時，要做到——

不可恭維過多；不可不切實際地恭維，以防牛頭不對馬嘴；不可亂恭維，以防適得其反；恭維前多做準備，抓其愛好、興趣、特長所在；恭維前善於觀察房間布局及人物衣著。

❷ 分享「拋繩術」

與準客戶分享共同的經歷、過去、愛好及家庭——

——聽說呂先生是×大學畢業的。巧得很，我也是那所大學畢業的呀！

——張先生告訴我說您太太在銀行工作，我太太恰巧也是哪！

❸ 語言同步「拋繩術」

根據客戶的具體情況，他的社會階層、教育程度、所從事的工作、性格脾氣，採用他習以為常的語言系統。語言同步可以有效地縮短彼此的距離。

業務員要做到這一點，日常必須做到——

①善於察言觀色，做個有心人。

②注意學習，摹擬。切忌畫虎不成反類犬。當你沒有把握做到同步時，最好運用自己的平常用語即可。

3 催眠術

現在，催眠法被大量用於精神療法的勸告方面。利用催眠，幫人減輕體重、戒菸、消除恐懼和緊張，進行婚姻勸解和精神治療等方面。催眠法還被許多牙科醫生用來控制疼痛。一些對麻藥過敏的人可以通過先催眠的手段，消除疼痛的感覺。

催眠法新近應用的領域則是商業、管理和推銷，其中進展最快的是催眠推銷。催眠推銷的主要途徑是：「催眠語言」，即「催眠語術」。

有一個青年學生因傷致殘，安了義肢，心情十分壓抑，不願和任何人交往。催眠語術專家埃克森打算鼓起這個學生的士氣。埃克森曾由於小兒麻痺等病，一直靠輪椅生活，以致後來跛腳行走。

一天，埃克森事先把教學樓的電梯卡住。當他走到電梯口時，看到同學們都在那裡，那個安裝義肢的學生也在其中。他有意和大家等了幾分鐘，然後才對那個學生說：「我們兩個殘疾人跛著上去，叫他們那些健全的人等電梯去吧！」

於是，這兩個殘疾人在那些健全的人進電梯之前已進了教室。由於他們首先進入教室，埃克森就看這個學生的眼睛微笑。這時，一種深深的聯繫，一種被稱為動物磁性的東西建立了。在其他學生進來之前，這個學生已建立了相當的自信。不到一個小時，他就新結交了三個朋友，還建立了一種強烈的健全人的觀念。

1 賴於利用「熱詞」

所謂「熱詞」，就是能調動聽者感情的詞。

美國一位人壽保險推銷員一到準客戶家，就這麼說：「聽說這家新添了個小寶貝。」而沒有說：「聽說這房子裡新生了一個小孩。」第一句使用了熱詞「寶貝」、「家」，比第二句使用的「孩子」和「房子」兩詞的效果好多了。

在推銷過程中反覆使用熱詞，會使業務員和客戶的關係越來越密切。

熟練地使用熱詞，容易突破對方建立起的理智防線。人們常常是衝動地買下東西，然後再考慮為什麼去買。熱情的作用即在於引發人們的衝動。

❷ 巧妙利用缺詞法

一般推銷員總是注意講給人聽，包括一些不必要的細節。成功的推銷員卻知道有些細節不必說。拋開細節或專業術語，即叫「缺詞」。

請看一名電腦推銷員的兩段推銷詞：

Ⓐ：「這部新的電腦在MS-DOS上運行，可以連結、並行處理，且配有WINCHESTE硬盤和9600band模塊，一定能滿足您的需要。」

Ⓑ：「我認為您對這種電腦會幫您處理信函以及寫報告，一定會感到很滿意的，它還能查出拼寫的錯誤呢！」

A在賣弄自己的技術、資料、數據。準客戶會有這樣一種感覺：「這傢伙說什麼呢？我連他的話都不懂，更別說買他那種可怕的東西了。」

B使準客戶覺得更有人情味。準客戶想知道什麼，他自己會問的。

❸ 利用帶有強烈催眠色彩的副詞

這類詞一般為：顯然地、明顯地、肯定地、確確實實地等等。

比如：「明顯地，你生活上壓力太重，現在正是消除它們的時候。肯定地，你知道怎樣做白日夢和晚上睡覺。進行催眠也是那樣簡單。顯然地，不需要費多大事。現在輕輕地讓你的眼睛合上……」

推銷也是如此：「顯然地，如果這不重要，我就不對你講了。明明白白地，花在保險單上的現金不像資金市場上的投資那樣能夠使你賺錢。但是，顯然地，保險也會給你帶來資金市場不能帶來的好處。」

4 運用比較性詞語的催眠話術

比較性詞語毫不費勁就會讓聽者去比較。這類詞一般為「更」、「較」、「越來越……」作為一名壽險推銷員，你也可以這麼說：

——「投入人壽保險的人越來越多了，人壽保險越來越成為一種必然的趨勢。您為什麼不加入呀，嗯？」

——「有了保險的人，生活變得更安全、更自在。現在，越來越多的人會購買適合自己的保單。×先生，您最適合這一種紅利多的！」

4 正面宣導術

在壽險推銷的過程中，你可能常常碰到這樣的情況——準客戶由於對保險持有偏頗的看法，拒絕業務員的推銷。他們往往會說：「保險有什麼用！」、「保險都是玩數字遊戲！」、「保險要到死後才能受益。」、「我們不需要保險。」等等。針對這類拒絕，你要正面宣導，改變準客戶的觀念，使他懂得保險的作用和意義。

❶ 保險就是互助

其實，說穿了，保險就是互助。大家相互幫助，以解決經濟上的困難。在傳統社會，家裡發生了意外事故，我們會通知親戚朋友來幫助。但親戚朋友有限，能提供的幫助也有限。

A：「張先生，一個人發生急難，請親朋相助，能寫出一百個名單就很不錯了。假設平均一個人拿出兩千元，總共也不過二十萬元。但假設這個人有十萬個朋友，每個人只要拿出一百塊，就能湊到一千萬元。一個人拿出十塊錢太容易了，但要認識十萬個親友，恐怕一輩子也辦不到。通過保險，就等於結識了那麼多人。」

B：「保險是我為人人、人人為我的制度，保險公司不過就是公平合理地收集、管理、分配互助基金的中間人罷了。平時互助，急難時就無後顧之憂。」

2 壽險的真意

A：「龍先生，您說『保險要死後才能領到錢』，這話一點也沒錯。這正代表您對保險有正確的了解。保險的真義無非是一份『責任』與『愛心』。人死了一了百了，但活著的人卻要承擔生存的重負。因此，現在您的責任便是告訴您的親人：壽險並不能取代一個人的生命，即使全世界的錢都合在一起，也不能換取一條寶貴的生命；壽險只是一個人死了之後，取代他的收入，保障他的家庭而已，也可以說是一個生產力的延續。」

B：「保險金不一定死後才能領到；期滿時人還活著，一樣可以領到。我們有許多種壽險。再說，現在醫學發達，一般人的壽命延長了，十年、二十年後，我相信您還是健健康康地，而那筆錢就等著您來享受的呢！」

3 最可靠的替身

「作為一家之主，馬先生，我們最大的本錢就是健康的身體和穩定的收入，使我們能夠保護家庭。但是，哪一天，萬一我們有個三長兩短，整個家庭最可靠的保障就是『錢』了；而要籌集一筆應付巨變的錢，最穩妥的方式便是保險。」

4 保險的作用

A：「朱先生，您說保險對您沒用。您只說對了一半。事實上，日常生活中，不需要的東西很多，像掛在牆角的滅火器，汽車備胎，船上的救生艇、救生衣等。可是，有誰認為它們沒用？在沒有發生大火、爆胎、沈船等事故時，這些東西是沒什麼用。但是，萬一發生意外事故時，它們就比什麼東西都重要。保險實質上就是這個道理呀！」

5 強調術

用鑿子輕擊一塊堅硬的鋼板，最初什麼痕跡也鑿不出來。但當你不斷地重複用力，鋼板上就會出現明顯的凹痕，甚至被鑿穿。

這就是重複的作用。「強調」其實就是「重複」。

當教師的人都知道強調對於學生所產生的作用。學生的大腦經常被五花八門的知識所包圍，當灌輸給他們新鮮的知識，或是要其顯示以前的知識點時，教師們往往採用強調的方式，以引起他們的注意。

①強調可以是內容上的強調。

當你強調的東西是以前所沒有的新東西時，你可用拖長的語調或一定一頓的方式，達到內容上的強調，也可運用重複的方式。

②強調可以是形式上的強調。

當你的話語引不起聽者的重視時，你可採用形式上的強調，即特別著重或特別指出的方式，以引起他們的注意。

身為壽險推銷員，掌握和運用強調話術是能否順利完成推銷任務的關鍵。那麼，壽險行銷員應該怎樣運用強調話術呢？主要是內容上的強調。

1 強調保障

保險的保障功用是你對準客戶所需要強調的內容之一。哪一個人不希望自己的生活有保障呢？生活有保障是每一個人最起碼的要求。

——張先生，買了這份保險，您就不必再為用錢而費盡腦筋了。萬一發生了意外，太太、孩子也決不會受到經濟上的壓力。您自己也會因為消除了這種壓力，比以前更覺健康，更享受幸福安閒的晚年。這份計畫書上的任何保障，在您需要時，就可以立即為你效勞。

——其實，人生活在這世上，最擔心的是：生活上的費用不夠充裕，子女需要的教育不能完成，退休後收入立即中斷，老年時，生活費沒有著落……這些擔心更清楚地說就是：缺乏足夠的金錢花用。這份保障計畫卻是用最低的代價，全部涵蓋了這些需要。張先生，您還需要猶豫嗎？

❷ 強調受人重視

人性最深處的東西是渴望被人讚美與肯定。當你強調準客戶在其家人中的地位時，就能打動他的支配權欲。

——張先生，您是一家之主，有責任與義務為您的家人提供一份全能的生活保障……當您的家人知道您的這一明智決定，肯定會為您如此周全地照料他們而感到驕傲。因為您是一個很棒的父親。

——張先生，您的許多朋友都已加入這種保險。您看，這就是他們的保單（出示證明）。所以，您一定會作出一個明智的決定吧！

❸ 強調累積財富

對所有的人來說，存錢是成功的基本條件之一。但是，在那些未曾存錢者的心目中，最迫切的一個大問題是：怎樣存錢？

現在告訴你一個最好的存錢方法：買人壽保險。

為此，你可以此為突破口，你向的準客戶強調壽險對財富累積的意義。

——張先生，這份貴重的保單是您所有的財產中比較特殊的，它除了可以提供您所需要的金錢之外，在繳費的年限之內，您如果有急需時，這張保單還可以貸款一定的數額，使您的錢可以靈活運用。

——張先生，投保人壽保險，是您最好的儲蓄方法。當保險期滿，您不僅可以領取原投保金額，還能得到×倍的增值分紅。這是目前累積財富規劃得最完善的一張新保單啊！

4 強調相同身價

人人都有攀比和追求身價平等的心理。

——張先生，我們公司專為和您一樣有相同成就的企業家設計這張周全的保險計畫，效果很好，許多人都欣然接受……

——幾天前，我拜訪了×先生，他買了這份計畫，並主動介紹我來認識您，且肯定說您會需要這份計畫，因為他認為在所有朋友中，就數您和他的身分最相配。

6 迂迴術

當你與準客戶的面談陷入僵局時，你不妨採用迂迴的方式。

「迂迴」可以理解為「從側面進攻」。

人們常說的「曲徑通幽」或「聰明人善於走彎路」，都是迂迴的另一種說法。

在商場談判桌上，迂迴話術有著舉足輕重的作用。

迂迴話術有助於打破雙方製造的面談僵局，重新營造友善的談話氣氛。

迂迴話術可以起到很好的緩衝與誘導作用，使對方在不知不覺中，又一次主動重新談到先前的話題。

迂迴話術還可以起到很好的溝通作用，縮短你與對方的距離。

那麼，壽險行銷人員如何才能有效地運用迂迴話術，使行銷工作順利成功呢？

1 讓客戶談他的經歷和事業

當面談陷入僵局時，你不妨索性撇開保險，讓客戶談他的經歷、事業或興趣與家庭。這不僅可以避免因為交談中斷而引起尷尬，使交談得以繼續，融洽氣氛；更重要的是，你可以從中了解他的願望、需求，並最終向他證明保險可幫他實現他的願望與需求。

你可以這樣問：

——李先生，您是怎麼從事建築這一行的？

——張先生，依您的背景，您一定是白手起家的囉！

——史先生，一個像您這樣成功的人士，除了您的家庭、事業以外，總還有一些其他感興趣的事吧！

業務員的這些問話，很可能使準客戶不自覺地敞開心扉，滔滔不絕地講述他的成功、他的不幸、他的事業、他的經歷。客戶不經意的傾述，很自然地就會使他與業務員的距離接近了，業務員也自然可以獲取客戶的友誼和信任；有了客戶的友誼和信任，業務員的工作就可以順利地獲得成功。

❷ 讓客戶自己「踢球」

如你的提問或解說依然引不起準客戶的興致，那你不妨把「球」踢給準客戶自己，讓他自己去踢。你的給球方式可以是提問式：

——冒昧問一下，如果您六十歲退休，每個月最少需要多少生活費？

——萬一，有一天您不在了，您夫人需要多少準備金？

——您所在的公司如果發生重大意外，一般的撫恤金是多少？

——您認為，理想的保險應該是什麼性質的，純意外或儲蓄性的？

這樣可以找出準客戶的真正問題所在：用反問的方式，強迫準客戶自己回答。讓準客戶自己「踢球」，可以有效地消除準客戶「被推銷」的感覺，「別人」的談話此時變成了他自己的談論。這樣一來，被動地「被推銷」就會變成他自己主動地購買。

7 挑釁術

日本推銷之神原一平將「挑釁術」定義為用激烈的言辭激怒對方，以引起其興趣或重視。其實，挑釁術即「激將法」。激將法就是用刺激的話語或反面的話語，鼓勵某人去做原來不願做或不敢做的事。

激將法對那些性情剛烈、意氣用事之人特別管用。《三國演義》中有許多成功的激將範例。因此，人們也常說：「請將不如激將。」

原一平最初從事壽險推銷工作時血氣方剛，幹勁十足，急於求成，但又不屑於向準客戶低三下四，搖尾乞憐。

有一次，他去拜訪一位十分孤傲的準客戶。這位準客戶很固執，且孤芳自賞，儘管原一平已是第三次拜訪，他仍然反應冷淡。

由於年輕氣盛，原一平有點不耐煩了，講話速度快了起來。其中有一句很關鍵的話引起了準客戶有反應，但又沒聽清。於是他問道：「你說什麼？」

原一平回了他一句：「您好粗心！」

那位準客戶本來面對著牆，聽到這句話，立刻轉頭回來，面帶怒色問道：

「什麼？你說我粗心！那你來拜訪我這位粗心人幹什麼？」

「別生氣！我只不過跟您開個玩笑罷了，千萬別當真啊！」原一平笑著說。

「我並沒有生氣，但是你竟然罵我是個傻瓜。」

「哎！我怎麼敢罵您是傻瓜？只因為您一直不理我，才跟您開個玩笑啊！」

「嘿嘿嘿！耍嘴皮子呀！」

「哈哈哈！」

原一平不失時機地刺激了一下那位傲慢的準客戶，引起他的注意後，又以微笑的方式調和，再次抓住談話的主動權，進行了下一個步驟。

1 直接挑釁法

直接用言辭對心不在焉或過於固執的準客戶進行激將。又分為兩種。

(1) 過激挑釁法

此法只適用於那些過於固執或根本不可能成交的準客戶。

——張先生，想不到您是這麼固執的人，真是無可救藥！

——張先生，您實在很自私，您根本不知道對家庭的真正責任是什麼！

——即使您投保，公司也不一會接受啊！

——張先生，拜訪到此為止！簡直可以說您是我在這條街上所碰到的第一個最固執（或小氣）的人。

（之所以運用過激挑釁法，目的只有一個：死馬當活馬醫。）

(2)溫和挑釁法

挑釁過度，既達到刺激的目的，又不能使其翻臉或惱羞成怒，拂袖而去。

——馬先生，想不到您的成見這麼深呀！真是趕不上時代潮流嘍！

——張先生，您難道要讓您的朋友們認為您是一個沒遠見，對家庭不負責任的人嗎？不會吧！

——哎呀！想不到朱老板事業這麼有成，思想卻這麼保守！看來，我的壽險計畫與朱老板這樣的名人無緣啦！

2 間接挑釁法

即借助於他人之口，刺激準客戶。

——趙先生，果真如您的朋友們所說，您是一個思想很保守的人。但我想，趙先生不願做一個守舊的人。

——呂老闆，通過咱們的這幾次面談，我這才真正理解了街坊們對您的評價。他們說您是很一個只會考慮到自己的人，從不為家庭著想。看來他們說得有道理。但我總覺著，像呂老闆這樣會做生意的人，怎麼能拒絕投保這樣一個絕好的計畫呢？

——朱總，難怪您的員工們說您脾氣很大，從不體恤、同情他們。您對這樣一個可以改變您在員工心目中的形象，表現您對下屬們關心、愛護的絕對可靠的投保計畫都加以拒絕，真讓人失望呀！您真的想成為員工所說的那種人嗎？

8 動感話術

一、兩句精美的名言警句往往比一、兩部乏味庸俗的倫理書有價值得多。這從一個側面說出了「話不在多，而在於精」，即說話要有「味」。

原一平說，人是最高級的情感動物，情感的表達或流露主要通過話語完成。因此，如何說出有「味」的話，是溝通高手和交際界名流樂此不疲的，也是詩人、作家畢生追求的最高目標。

壽險行銷人員主要是通過說話，與準客戶接觸與溝通。因此，如何說出有韻味、能感化準客戶心靈的「動感話語」，是其首要考慮的素質之一。

決定談話能力的高低不在於敘述的過程，而在於「味道」。適時說出一、兩句肺腑之言，彼此的心靈就相通了。

寒冬裡的大街上，一個雙目失明的乞丐，脖子上掛著一塊牌子，上面寫著：「自幼失明。」

一天，一個詩人走過這個乞丐身邊。乞丐向詩人乞討。詩人說：「我也很窮！

不過，我給你一點別的吧！」說完，他便在那乞丐的牌子上寫了一句話。

那一天，乞丐竟然得到了比平常多好幾倍的施捨。後來他又碰到詩人，問道：「你到底幫我寫了什麼？」

詩人笑了笑說：「和你寫的意思一樣，不過表達方式不同。我寫的是——春天就要來了，可是我不能看見它啊！」

乞丐所寫直白而無義，人們熟視無睹；詩人寫的話較為含蓄，富有詩意，引起路人普遍的同情心。就這麼簡單。可見，相同的意思用不同的話說出，其效果有時會產生天壤之別。

1 給準客戶考慮的餘地

說話時，要給對方考慮的餘地。商量的語氣必然比強迫的命令更能產生效果。

——我認為⋯⋯（武斷）

——您是否認為⋯⋯（商談）

——我相信您已經認識到⋯⋯（肯定式）

——您可能還沒有考慮到⋯⋯（委婉式）

——假定你以後發生不幸……（討人生厭）

——假定你上個月離開人世……（引人深思）

——怎麼，還不下決心？……（命令式，輕浮）

——您還有什麼可猶豫的呢？……（雖疑問，但暗含肯定，促成）

2 措辭要高雅，避免無感情色彩的話

言辭低級粗俗，會造成惡劣的第一印象。沒有人願意跟低級趣味者打交道。而無感情色彩的語言猶如乏味之極的白開水，根本無美可言，更談不上溝通。

——您這人怎麼回事？不成就算了！

——您可以再考慮考慮，希望下次能和您愉快地交談。

——嗨，老兄！能跟您談一會嗎？

——先生，請問能否打擾您幾分鐘？

——保險是一種新玩意兒，它……

——先生，想必您了解不少有關保險的知識，它在某些方面的確給我們帶來了一種全新的生活思考方式……

9 輪盤話術

原一平與一位對股票非常感興趣的準客戶談到股市的近況。然而，出乎他意料的是，這位準客戶的反應非常冷淡。

「莫非他已經把股票賣掉了？」

原一平想了想，又轉變了話題，大談未來的熱門股。果然，準客戶的眼睛發亮了，興致高了起來。原來，他賣掉股票，添購新屋，幹起房地產生意。可不久，他又對房地產不太感興趣，準備重操舊業。

原一平的熱門股話題引起他的濃厚興致，從而他就把原一平視為知音。

交談了一會兒，雙方都感到非常滿意，氣氛也很熱烈。這時，原一平話題又一轉，轉到股票與風險性的關係上。話題自然而然就過渡到保險上了。

至此，原一平把握了談話主動權，詳細為他分析了保險的意義、理財的作用、儲蓄的功能、增值的好處，使他對保險又發生了興趣。沒過多久，他便由準客戶變成了客戶。

「輪盤話術」就是在與準客戶談話時，行銷人員的話題好像旋轉的輪盤一般，換個不停，直到準客戶對此話題產生興趣為止。

運用此話術的目的在於引起準客戶的興趣。這是迂迴話術的補充。有些準客戶，即使你運用迂迴術，他也無動於衷。此時你就必須運用輪盤話術，想法引起他的興趣。興趣是決定談話能否進行的基礎：引不起興趣的談話只能是對牛彈琴。

1 養成積累豐富話題的習慣

要想將輪盤話術運用得得心應手，必須積累或準備豐富的話題。（記住，豐富的話題絕不是拿來向對方炫耀你的博學，而是為了引發準客戶的興趣，不使面談冷場。否則，會引起對方的反感，後果將適得其反。）

①上網查詢各種你需要的信息。

②涉獵範圍要廣，上至時事、文學、經濟，下至家用電器、室內布局、小道消息等。因為你面對的是各行各業的人，而他們又有不同的興趣、愛好。

③有意識地搜集有關理財風險方面的事例以及新聞、新政策、趨勢等。

❷ 適時淺嘗輒止

由於你涉獵極廣，往往會形成廣而不精的局面。因此，你在與準客戶的輪盤交談中要適時淺嘗輒止。這是因為，你面對的準客戶也許是這方面的專家——班門弄斧既顯得自己自不量力，又會使面的談結果南轅北轍。

——最近，我粗略地知道股市的情況呈熊市走向，不知張先生對股市是否留意……（準客戶不語，或搖搖頭）

——其實，在市場經濟的大潮下，股票、期貨、房地產等經濟活動有潮起潮落的波動很正常。聽我的朋友講，期貨那玩意兒可真是不好搞呀！

直到準客戶對你的話題感興趣。這時，你應當做到——

①積極地傾聽，表現出濃厚的興趣，協助對方把話說下去。

②使用鼓勵性言辭、眼神，給對方以尊重。如「有道理！」、「有見解！」「嗯！原來是這樣的。」、「分析得很深刻，嗯！」等等。

③待對方談興正濃或面談氣氛非常愉快之時，適時地恭維對方。

④恭維與稱讚聲中，將話題引向最終目的——保險。或者中止，定好下次拜訪時再談。具體視面談的時間而定。時間過久，易引起對方的煩躁心理。

10 學步術

何謂「學步」？

對「學步法」的最好理解就是先想想長跑時，跑得最快的人如何追最前面那一位：先接近他，然後放慢速度和他同跑。不久，你就會發現，兩人的步伐很一致。學步就是對自己的準客戶進行模仿。這種作法既可以用語言方式，也可以用非語言方式進行。它是造成讓人產生「我和你一樣」的想法的非常有用的辦法。

推銷之神原一平說，學步法傳達給對方的信息是：你和我在很多方面是一樣的。我和你一樣地思考，有共同的需要。我們在很多方面都是一致的。我理解你，你和我在一起是安全的。請信任我！

成功的推銷員常常對自己在現場看到的客戶行為學步。他們所談的就是客戶在現場做了的不可否認的事實，使客戶不得不同意他。

有位奧迪汽車推銷員就一直使用這種方法。一天，他看見一位客戶已看了好幾輛車，就走上去說：「我看見您在這個迷人的下午正站在這輛車子旁邊。」這時客戶只能對他報之一笑。這個下午確實迷人，他也確實站在那輛車旁邊。

他又接著說：「我注意到幾分鐘前您在看那輛汽車。」說著他指了指旁邊另一輛汽車。客戶只得又點頭同意，因為推銷員所說的還是不可否認的事實。

談話繼續進行，給客戶造成一種不斷同意的心態。最後他問客戶想要的車式。客戶對他的信任不斷深化：這位業務員真的對我的需求感興趣，他也許真能幫我滿足這些需求。

接著，業務員還是說自己觀察到的不可否認的事實，包括車、家具及其他推銷員。他還探測客戶的需求及支付能力。結果，他花了90分鐘，成功地賣給了這位客戶一輛奧迪。

1 對所見所聞學步

這種學步既不需解釋，也不需別的技術，只需你集中講一些不可否認的事實，就足以把客戶引入一種習慣同意的思維：「看得出你的穿著在這寒冷的天氣下很適合，這種款式很獨特也很具有個性。」

或者，當客戶不耐煩地頻頻看錶時，你說：「看得出你的時間很緊。」

2 對準客戶的觀點和信念學步

觀點和信念是一個人對現實的總結，是他的真理。一個人會冒著生命的危險去維護他的觀點和信念。損害一個人的觀點和信念是很危險和可怕的。

當然，信念學步時，注意不可事事依著客戶，尤其是你認為不對的事。實際上，你若事事依著客戶，很快就會被當成傻瓜！對準客戶錯的觀點，你可採取兩種方法——

第一、等著準客戶提出來後說明。

第二、你自己先把它提出來，然後慢慢解除。

第二種方法叫「心理柔道」，為許多業務員所採用。

有一位壽險推銷員事先知道他的潛在客戶認為保險是一種錯誤的投資，他就這樣開始他的話題：「保險是一種多餘的投資，這種投資不划算……」

當潛在客戶聽到自己的觀點從推銷人員口中說出時，他沒有別的選擇，只能點頭同意。然後，他接著說：「雖然它是多餘投資，但它確實有很重要的作用。你是不是能聽聽我的朋友為家庭購買一千五百萬保險的事呢？」

好奇感會使客戶全神貫注，聽你講述保險的重要性。

假如你是那個推銷員，你的潛在客戶還是說「保險是個多餘投資」，你不要急，依然迎合他，學步他的觀點，也不要害怕他的反對。只有面對反對，才能說明你擁有充分的自信與魅力，才能贏得信任，說服客戶。

3 將學步變成超步

學步的目的是為了超步，只有超步，才能達成最後的交易。

何謂「超步」？即對客戶產生影響，使他改變的話語。

學步可通過表達「我和你一樣」，贏得信任，消除抵抗。一個人被足夠地學步，他或她就容易被你超步帶著走了。如果你的客戶沒有足夠地學步，你就不可能超步領著他走。

如何才能做到由「學步」到「超步」？最簡單的方法就是用「並且」、「由於」、「在這之前」、「直到」等詞，將「學步」與「超步」性話語連結起來。

——說得好（學步），並且……（超步）

——我們在談這種壽險的作用（學步），並且您記得上次我給您看過的資料（超步）。

——當你擁有這張保單，您的朋友和家人知道以後將會為您的決定而讚嘆！」

最有效的方法是「因果超步法」，常用詞為「因為」、「所以」、「令」、「要求」、「必須」、「不得不」、「引起」、「迫使」等。

——我不知是否該讓您看看其他壽險計畫，因為看一眼就會使您不得不選擇好幾種！

——我不得不特地來拜訪您，因為我聽說您是這條街上觀念最超前的老闆。

在此，建議您——

①拿出一張紙，寫出十個或更多因果超步法的觀點。

②這些觀點要適合你今後的推銷工作，要提到你所推銷的產品或服務。

③在日常生活中練習使用超步法。如：「我不知道是否該讓你看看這家飯店的菜單，因為一看就會誘惑你叫出十一個菜來。」

ch.9
如何突破準客戶的各種藉口

○誰是最聰明能幹的人？壽險推銷遇到困難時，誰最可靠、最可信任？不用說，這個人就是你自己。因此，當準客戶向你提出一連串的藉口時，最重要的是，不要直接回答他，而是與他針鋒相對，提出問題來回答他們的問題。

1 誤解型客戶

在推銷面談中，準客戶因對壽險存在認識上的誤解，往往會找出種種藉口，對壽險及業務員予以拒絕。

典型的藉口往往是：

——「保險都是騙人的！」

——「保險公司不賺，誰信？」

——「保險要人死後才能領到保險金。」

——「保險看得到、吃不到。」

——「保險對我沒有什麼用。」

……

消除對某人某事的誤解，最有效的途徑是深入了解對方。了解是一劑化解誤解的靈丹妙藥。因此，作為一名壽險行銷人員，當你的準客戶說出誤解型的藉口時，你一定要想方設法讓他（她）在短時間內對壽險得到一個全新的正確了解。了解的途徑要靠你去說。如何去說，可參照下述的典型話例。

1「保險都是騙人的！」

〔應答技巧〕正面宣導法

A：×先生，在我還沒有進入保險公司之前，也常聽人這麼說。可當我進入保險公司之後，才真正了解了保險公司及保險。×先生，您一定知道，保險公司不是街上的小攤販，它是依照保險法，經政府批准的。任何一個保險品種的推出都是經過核准和嚴密審查的。×先生，您瞧，這是保險法及我們公司的登記字號（出示證明材料）。

B：×先生，有這麼一句話：「一個人可以在一段時間內欺騙所有的人，但不可能在所有時間內欺騙所有的人。」您知道，保險業在國外已有幾百年的歷史，在我國也有明確、嚴謹的「保險法」做保障。並且，在近幾年中，政府大力提倡參加除了社會保險之外的一切商業保險。如果說保險是騙人的，那我們政府是不可能鼓勵與提倡的，否則就難免會引起各種社會問題，您說對嗎？

2 保險「到死後才領到錢，沒意思！」

〔應答技巧〕先順承後轉折法

A：×先生，您所說的是事實。這說明您對保險有所了解；但不全面。保險的真正意義是一份責任與保障。碰到有很煩心的事時，我們常想：不活了！一死了之！活著有什麼意思！可是，一想到家庭、子女、牽掛我們的人，我們就打消了那不好的念頭，再次面對困難與風險。假如我們沒有預先準備各種風險的保障，萬一哪天真的發生不幸，活著的人豈不是要受苦嗎？壽險並不能取代一個人的生命，幾十萬、幾百萬也不能取代一條寶貴的生命。壽險只是一個人謝世以後取代他的收入，保障他的家庭而已。

B：×先生，您說得很實在。人亡故之後，再多的錢也沒用。但這是一種只顧個人的想法，我們應當更進一步為家人著想。有人曾說：「子女沒有選擇父母的自由，但有被撫養的權利。」嬰兒從呱呱墜地開始，父母等於在無形中開出一張長期支票，而這一張撫養支票無論父母健康與否，都必須兌現。「天有不測風雲，人有旦夕禍福。」在漫長的人生之旅中，萬一有不幸發生，妻子、孩子以後的日子怎麼辦？所以，為了家庭及孩子將來的幸福，投保壽險是非常重要的，而且是必需的。

3「保險沒有什麼用，我不需要！」

〔應答技巧〕類比法

A：×先生，假設現在有人賣給你水與空氣，你肯定不會說「這兩樣東西沒有用」，而是您需要與否。同理，人壽保險不是沒有用，而是看您需不需要。

×先生，當您行走在烈日當頭的沙漠或身陷空氣稀薄的絕境中，這時你最需要的肯定就是水與空氣了。同樣的道理，在漫長的人生之路上，我們每個人都有身陷不幸的「沙漠」絕境的可能，如果我們事先有投保，這時，人壽保險就是我們最需要的「水」與「空氣」了。×先生，您說是不是？

B：×先生，請恕我直言，您這種看法是偏頗的。因為無論從短期或長期的角度看，保險對您的作用都很大。您看，保險……（從保險的作用、借貸、存儲、增值幾方面談。可參看前面章節的「面談話術：正面宣導術」）

2 傳統型客戶

有位成功的壽險推銷員說：

「當我們面對的準客戶以各種巧妙的藉口推托或拒絕時，別忘了想一想他的藉口中是否有傳統的觀念在作祟。」

傳統在某種程度上是一種落後與保守。體現在壽險推銷中，主要表現為否定壽險，拒接受，常以下述的藉口出現——

——老來靠子女，不必保險。

——我有勞保（公保、農保、社保）。

——身體健康，不必保險。

——以前的人沒有保險還不是一樣過日子，我何必買。

——生死由命，富貴在天，保什麼險！

……

打破傳統觀念不是易事，但也不是太難的事。只要你以得當的技巧、典型的事例、端正的心態，向你的準客戶不厭其煩地說明，就會有所收穫。

1 「老來靠子女，不必保險！」

【應對技巧】正面宣導法

A：×先生，您所言極是。但事實上，這種養兒防老、反哺報恩的觀念，隨著時代潮流的發展，正在慢慢消失。目前子女討生活也不容易，在這種情況下，我們難道不應該增加新的養老措施嗎？

B：×先生，我們都是中年人，上有老，下有小。為了能買得起像樣的房子，我們每天都在辛苦地工作著，有時連休息天也要加班。儘管我們對長輩很孝順，把奉養雙親作為己任。但是，經常感到經濟能力有限。父輩們由於各種原因，把養老的擔子大部分壓在我們身上，難道我們還希望自己的子女步著我們的後塵嗎？

C：×先生，我們的觀念要改一改了。面對商品經濟社會，子女都在為自己的事業和生活奔波，我們不能再增加他們的負擔，應靠自己從現在開始投保壽險、養老險做準備。

A：×先生，人們常說，人活在世上要有自己的尊嚴，人老後也要活得有尊嚴。老年的尊嚴是由「老友、老伴、老身、老本」建立起來的。如果沒有老年的朋友，老伴又先走了，而且沒有好的身體和自信心，再加上沒有一些屬於自己的財富在身邊，能活得安穩嗎？人壽保險並不能保證擁有一切，但起碼可保證我們在年老退休時，擁有一些可觀的養老金，不看子女的臉色過日子。

2「我有勞保，不需保險！」

【應對技巧】詢問法

A：×先生，關於勞保，我想請教您幾個問題。勞保能達到您所需要的保障嗎？一個成人，每天只吃一碗稀飯，合適嗎？萬一有個三長兩短，維持家庭的各種開銷、正常的生活及子女教育的費用從哪裡來？

B：×先生，您知道我國目前實施的勞保細則？現在的勞保只能保證退休以後的生活達到一個基本的水平，就如現在的工資一樣，只夠基本生活。因此，如果想生活得好一點，必須自己再買人壽保險或養老保險。

3「我還年輕，身體健康，不必保險！」

【應答技巧】警策法

A：×先生，這正是我現在催促您投保的原因。您年輕，身體又健康，所付的保費較低……您相信「每個人都不能預測未來」這句話嗎？

B：×先生，有這麼一句話，說了請您不要介意：「墳墓裡裝的是死人，不是老人。」並不是老年人才先我們一步而去，在這個不停運轉的社會，每天都有那麼多意外發生在我們周圍，假如我們萬一突遭不幸，還能宣稱健康嗎？沒有健康的年輕最可怕，因為不知要靠什麼去面對家庭的重擔！

4「生死由命，富貴在天，買什麼保險！」

【應答技巧】反詰法

A：×先生，您真的信命嗎？假設您現在生病或出了什麼意外，您是坐等病自己好，還是急急忙忙去醫院？我想您肯定會去醫院，把生命從病魔的手中奪回來！

其實，每個人都是很現實的，誰都想活得更舒服些，更可靠些，更有保障些，因此，總是不斷地去努力、去奮鬥、去有所收穫，為家庭，也為自己的將來。可在這奮鬥、付出的過程中，人難免有意外發生。俗話說：凡事都要有最壞的打算，有備才能無患，無患，生活才有保障。保險所提供的保障，意義就在於此。×先生，您難道不這樣認為嗎？

B：×先生，您有這種思想很好，這證明您是一個大度、豪放的人。可您知道這一觀念背後所隱含的自私嗎？

人是有責任與義務的，這責任與義務首先表現在對其家人上——自己的妻子兒女。我們可以豪放灑脫地說：「生死由命，富貴在天。」但想沒想過，萬一我們突遭不幸，我們身後那個家，那個靠我們苦苦支撐的家以後的日子該怎麼過？其實，我認為，灑脫的人生態度應當是對生活及您的家人有了通盤的思考與決定後採取的行動。您不認為壽險就是這樣一個絕好的，可以使您灑脫的機會嗎？

3 托辭型客戶

礙於面子，許多準客戶往往以托辭的形式，拒絕了壽險推銷。

其典型形式有——

——我現在很忙，等有空再說。

——我要跟太太（或家人）商量後再看。

——把投保建議書留下，等我研究後再說。

——等我付完房貸之後再說吧。

……

表面上看，托辭式藉口介於保與不保之間。說保，他又說過一段時間，或跟家人商量；說不保，他又沒有明確表示。業務員面對此種藉口，往往一籌莫展。這些準客戶成了雞肋，棄之可惜，食之又費勁！怎麼辦？辦法只有一個：用言語的手術刀突破對方的藉口防線！

❶「我要和太太（或家人）商量後再看！」

〔應對技巧〕激將法，設問法

A：×先生，買保險是為了太太和子女的幸福，正如買禮送她一樣，何必一定要她同意呢？男子漢——一家之主，您絕對可以作主的！

B：×先生，這是一份重要的家庭經濟計畫，的確需要和太太好好商量。但是，請問×先生，您太太是從事保險這一行的嗎？（一般回答都為：不是！）既然不是，您要跟她商量什麼？保費不會影響你們的生活，不需要商量；我是保險專業人員，如有不清楚的地方，我現在再向您說明一下。

❷「我要考慮考慮！」

〔應對技巧〕順承轉折法

A：×先生，做決定的確需要慎重的考慮，但這並不能減少您和您的家庭對壽險的需要。試問，萬一我們在做決定之前，有不幸發生，誰來承擔由此而引起的經濟上的困難呢？今天您做出決定，既是為您自己，也是為了您的家庭！

B：×先生，做這樣的決定，是需要加以考慮的。但您要知道，保險這東西與吃飯和睡覺不一樣。您是先感覺到飢餓和疲困，再去吃飯和睡覺。所謂風險，卻是意想不到而發生的事。我們每個人都沒有和上帝簽約，意外的事隨時隨地會發生。因此，家人和您的需要已經幫您下了決心，您還有什麼可考慮的呢？

❸「這計畫不錯，等過一陣子再說！」

〔應對技巧〕警策法

A：×先生，我手頭有這樣一份資料：飛機出事的機率是四百萬分之一，汽車和一般機動性車輛的出事機率是五千分之一。可是，乘坐飛機的人要買保險，您我經常出門乘坐汽車卻沒有買保險。這不能不說是認知上的誤區。每天電視上播出那些層出不窮的車禍或事故時，您有沒有想過，萬一那些不幸中有我們自己，我們的家庭以後將靠誰來支撐？

B：×先生，我們今天談得很好，您對保險也有很深的認識，也同意這是一個完美的計畫，同時也負擔得起保費，您還猶豫什麼？為什麼不向前跨一步，使您的保險從今天晚上零點開始生效？

在此，建議您——

處理托辭式的藉口時，一定要弄清準客戶的真實動機。有人確實想通了，但一時下不了決心；有人純粹是推托。對第一種準客戶，一定要耐心，用警策性話語促成他簽約；對後一種人則要順水推舟，留待下次面談時再詳細闡述，並準備更典型的事例或話題打動他。

4 拮据型客戶

拮据型藉口是準客戶最常用的藉口之一。典型形式如下——

——我沒錢，買不起！

——我剛工作，哪有錢買保險。

——目前還有債務，根本挪不出閒錢投保。

……

這類藉口顯得很乾脆：你的計畫不錯，我也願意，可是沒錢，或有錢卻要幹別的。對這類藉口，業務員事先要對準客戶的收入及經濟來源有充分的了解；其次，要強調保險在未來生活中的重要地位及作用，使準客戶走出認識上的誤區。

❶「我有債務，等還清了再說！」

A：×先生，債務永遠還不清，難道就永遠不買壽險嗎？問題在哪裡？在於您把壽險和可有可無的東西弄混淆了。和壽險比較起來，汽車、屋子、衣著都是可有可無或是可先暫緩擁有的東西。沒有汽車，可搭巴士；沒有屋子，可租房子；沒有新衣，舊衣服可以將就。但壽險就不同，壽險是必需品，它必須和其他必需的開銷一起算進你的開支帳目裡。

買足夠數目的壽險是人生的一種需要。有了壽險，您的家人才能免除債務的拖累，才可以免除為柴米油鹽奔波之苦。

B：×先生，認識您很榮幸！您是一位具有強烈事業心的人；您不斷地貸款，還款，說明您的生意越做越大，信譽良好。但是，請問您什麼時候能不再借款？

事實上，大凡做事業的人，一輩子都是在借款、還款中度過的。只要收入正常，收支平衡，貸款並不可怕，也不用擔心。但是，有一個潛在的危險：假如在償還債務期間，收入突然中斷，又無法彌補；特別是如果有不幸發生，永遠不能再有收入……這時，您想沒想過，您的債務怎麼辦？

②「我負擔不起保費！」

A：×先生，我給您算筆帳。您每天肯定能花上幾百元（買菜、買米、水電費等等），卻沒什麼感覺。但您不妨把這個數目按年累加起來，算算是多少？其實保壽險也只需您每天投資幾十元錢，是每個家庭都負擔得起的，它不會影響正常生活，卻能保障我們全家的生活。真正昂貴的是一旦我們失去謀生能力，如何籌措家庭生活費、小孩教育費、醫療費等。

B：×先生，如果真是這樣，您就更需要保險。因為我們沒有錢，萬一自己或家人生病，又哪來的錢去付龐大的醫藥費呢？

保險的特色就是以最少的錢創造最大的保障。即使您的錢很緊，也要節省一點來投保。這就像我們買一雙鞋一樣，起初感覺緊一點，穿上去不太舒服，過了一段時間，也就習慣了。等到將來年老期滿，領到一筆可觀的保險金，作為養老費，不是很愉快的事嗎？

在此，建議您——

你必須肯定這些藉口是不是真實的。如果是真的，那麼就不必費口舌，等他情況好了之後再談。

5 厭惡型客戶

許多人天生對上門推銷這一方式相當敏感、討厭，但有時礙於業務員熱情的微笑與彬彬有禮的話語，不好直接拒絕，就以藉口的形式推拒。對於壽險推銷而言，這類藉口一般有——

——我對保險沒興趣。

——保險不吉利。

——不保險沒事，一保險什麼事都來了！

——除了保險，談什麼都可以。

——別跟我提保險，我對那東西很反感！

……

之所以會產生厭惡感，原因是對壽險沒有正確的認識或聽了某些片面的傳說，造成了對壽險先入為主的壞印象。針對這類藉口，一要循循善誘，對其講清壽險在人生活中所起的作用，並加以「利」的引誘；另外，要幫助準客戶理清直面人生與躲避人生的利害關係。

❶「我對保險沒興趣！」

A：「×先生，這完全可以理解，在不了解一件事之前，不可能產生興趣。今天我來拜訪，就是為了向您說明保險是怎麼一回事。如果您能給我十分鐘，相信您會對他產生興趣。」——接下來談壽險對生活的重要保障、理財作用、儲蓄、增值。言簡意賅，突出重點。

B：「×先生，如果有人要賣空氣和水給您，您當然不會有興趣。可若是有人要把錢送給您，那可就不一樣了。如果有人在我們不能賺錢而身邊又沒有錢的時候，提供我們十年的生活費用，您是否會有興趣呢？」

❷「保險不吉利！」「不買沒事，一買就出事！」

A：「保險和醫院是一樣的，有備無患。人們有病，就請醫生診治，絕不是因為有醫生的緣故才生病。同理，絕不是因為有保險，才有各種意外與疾病發生。」

B：「『天有不測風雲，人有旦夕禍福！』出事是不得已的，哪個人喜歡呢？保險是保障危險，不是製造危險。認為保險不吉利，那是迷信的說法。」

❸「除了保險，談什麼都可以！」或「別跟我提保險的事！」

A：「×先生，不談保險可以，但是，您能不能聽我講一個故事？（一般不會拒絕）有一天下午，我去拜訪一家公司的老闆。這家公司是由兄弟倆合伙經營的。當我和老闆談他全家的保險計畫時，他哥哥恰巧來到辦公室，就隨口說：『啊！保險！我弟弟才不需要保險呢！』我笑了笑，叫住他說：『這位大哥，請您回答一個問題。如果您答應了，我立即就走。』我問他：『如果您弟弟萬一發生事故，請問您能照顧他的太太及他的家人一輩子的生活嗎？請您回答我。』他哥哥忽然被這問題給問住了。過了一會兒，他內疚地說：『你們繼續談吧！』

B：「×先生，我不賣你保險，可是談一談總可以吧？」（在此種情況下，準客戶大多會笑著接受。然後，根據他的實際情況或真實想法，再次突破。）

6 疑慮型客戶

疑慮或疑惑的實質是對某人某事還沒有搞清楚或對涉及此人此事的其他利害因素存有不一樣的看法。疑慮是限制一個人採取果斷行動的天敵！

在壽險推銷中，業務員尤其要注意持疑慮型藉口的準客戶。因為與他們往往是最有成交的希望的類型。

疑慮型藉口一般表現為：你們公司可靠嗎？我不相信壽險推銷員，你們的業務員變動太快。保險公司破產了怎麼辦？你們投保之前說得頭頭是道，投保之後就找不到人了。保險期太長，萬一公司倒閉了怎麼辦？萬一發生戰局或政治局勢有變化怎麼辦？

……

回答這類藉口時，一定要充滿自信，用你的堅毅、果斷、自信感染對方。「想讓他人相信，首先自己要表現出自信。」同時，要準備好有關證明及保險法規的複印資料。

❶「你們公司可靠嗎？」

A：「×先生，如果可以，我這就帶您到我們公司走一趟。去了解一下。」

B：「×先生，請問：根據保險法而設立，運用了××年，分公司已達××個的×保險公司是非法或不可靠的嗎？如果您還存有疑問，請看我們公司的營業執照及相關材料。」

❷「你們的業務員變動太快，我能相信誰？」

A：「×先生，您說的是一個非常實際的問題。我不可能現在給您承諾我將要為您服務一輩子，但請您放心，我們公司將會為您服務一輩子。假設您現在是我的客戶，我為您服務，當我有一天調離本公司，本公司會提前通知您，給您更換新業務員，繼續為您服務。」

B：「×先生，您說得很對，保險公司的業務人員流動率相當大。但是，請放心，您現在表面上是與我簽約，實質上是與公司簽約。不管業務員如何更換，公司將為您負責到底。」

❸「保險公司破產了怎麼辦？」

A：「×先生，您聽過有哪家保險公司倒閉了嗎（一般回答是沒有）？那麼，您到銀行存過錢吧（是的）？現在還存錢嗎？您有沒有想過銀行會破產或倒閉（回答沒有或有）？」（此時，你已經扭轉了準客戶的疑慮，接下來再乘勝追問）

「那您為什麼還要存款？怎麼不擔心呢？」

「因為銀行有破產保障！」

「對啊！保險也一樣呀！」

❹「保險之前，怎麼都好說，保險後就找不到人！」

A：「×先生，您是否遇過此事？或許是您的朋友遇過此事？據我所知，在我所服務的客戶中，沒有一個客戶提出過這方面的疑問。我們總是及時地與客戶聯繫，非常有效地履行所簽訂的合約。並且，我們公司的規定中有明確的售後服務，每個業務員都清楚地知道完善的售後服務意味著什麼。為您提供滿意的售後服務，就是為我們拓展新的銷售領域。」

7 精明型客戶

在推銷面談的過程中，有這麼一類準客戶，他們對業務員的壽險計畫謹小慎微，或跟其它公司相比較，或跟你討價還價。這類準客戶一般很難纏。但要知道，「嫌貨人才是買貨人。」只要正確地解答這類顧客的各種藉口，就有成交的希望。

「精明型」藉口一般表現為——

——你們的保費是不是可以優惠？

——別家公司的產品比你們的好。

——我要和其他保險公司的產品比較後再決定。

——買保與儲蓄，哪個合算？

——通貨膨脹，保險不合算。

……

應答這類藉口時，一定要有耐心，可以不厭其煩地跟準客戶講清保險本身的特殊性、必需性以及自己公司和其他公司的綜合比較，幫助準客戶做出正確的選擇。

❶「你們公司的保費是否可以優惠（打折）？」

A：「×先生，請容我打個比方。當醫院通知您準備一筆錢給您的親人動手術時，您有沒有猶豫過或者跟醫院討價還價？我想您肯定不會那樣做！買人壽險和為我們自己或親人準備一筆意外的醫療費用是一個道理。況且人壽險的保費很低，是真正的低付出，高保障。」

B：「×先生，您也許知道，保險公司的保費與銀行的儲蓄利率是同樣的道理，它們的高低與政策有關，我們業務員沒有權利對其做出調整。從另一方面講，一個可以討價還價的保險公司的投保信譽，您能相信嗎？」

❷「其他公司的產品比你們的好！」

A：「×先生，我想您知道，目前各個險種的保費都是通過精算後再送到金融主管單位核准的。因此，不同公司的同類型保單在功能上可能會有所不同，但保費大致都一樣。

B：「至於我給您介紹的壽險，完全是依據您個人的狀況而設計，內容完全符合您的需求，能為您及您的家人提供足夠的保障。這份保單正是您所需要的。」

❸「保險與儲蓄哪個合算？」或「我寧可把錢存到銀行！」

A：「×先生，首先肯定的一點是，保險比零存整付合算。因為錢放在保險公司，除了儲蓄，還有生命、殘疾的保障等附加值。當然，兩者之間還有一點差別。投保壽險，第一次繳費以後，馬上有了一筆財富，然後再慢慢付費。而銀行正相反，我們先設定一個目標，慢慢儲蓄，希望有朝一日能有一筆財富。銀行是晴天借你傘，雨天趕緊收回的；而保險則是晴天不借傘，下雨天有傘拿的地方。」

B：「×先生，壽險的目的是為了保障，不是單純的儲蓄問題。您從繳納第一次保費起，就已得到全部的保障，萬一發生任何事故，可領到全額保險金，比任何銀行的利息都高。但我們不希望發生意外。事實上，投保是有備無患，所得到的安全感是無法用金錢估價的。壽險期滿，我們還可以拿到全額保費，並有增值分紅。這樣好的事，銀行會給您嗎？」

8 從眾型客戶

作為一個社會人，人人都有點從眾心理，只不過有人表現得明顯，有人表現得不明顯罷了。尤其是在接受一項新事物之前，這種從眾心理表現得更為突出。

於是，許多準客戶雖然認可了壽險，知道壽險對生活的保障，卻遲遲下不了決心，拿不定主意，原因是朋友或他人還沒買。這便是典型的從眾心理在作祟。當業務員催促其投保時，他們便以「朋友沒買」或「朋友不讓買」等藉口予以拒絕。這類藉口一般表現為——

——我的朋友說，保險不能買。

——我的朋友對壽險有段不愉快的經歷。

——別人都沒有買，不也照樣過。

——我家人不同意。

——我的朋友們說我還年輕。

……

解答這類藉口時，一定要做到乾脆俐落，可暗示對方的「判斷能力」可能有問題，說明他人云亦云的誤解方向。當然，話要說得婉轉含蓄。

❶「我的朋友說，保險不能買」

A：「×先生，請問您的朋友是幹什麼工作的？他有否能力承擔責任嗎？如果他能保證您以後的安全由他負責，那您可以不買。要知道，意外的發生或因重大疾病、自然因素導致生命事故的賠償費都相當可觀呢！您的朋友在哪兒工作，能否帶我去跟他聊一聊？」

B：「×先生，從交談中，可以看出您是一個有氣魄、有個性的人！決定做一件事前，可以徵詢他人的意見。但我想，最好徵詢內行人。俗話說，外行看熱鬧，內行看門道。如果您的朋友對人壽保險很了解，他肯定不會對您說這樣的話。請問，他是幹什麼的？」

❷「我家人不同意」

A：「×先生，看來您是一個愛家的好男人。這很好！但您要知道，這件事是為家庭尋求一份可靠的保障，提供最有說服力的安全保障，您怎麼會擔心家人的責罵呢？如果您的家人知道您的這一決定，肯定會以此為驕傲，因為您給他們『全方位』的保障呢！」

B：「×先生，您我都是一家之主，我們有權利做出這個決定，也有能力做出這個決定。作為一家之主，除了供給必要的衣、食、住、行，更重要的是確保一份愛心，一份全能的生活保障。而這一點，除了保險之外，沒有更好的表現方式了。為家庭提供可靠的保障與愛心是我們的責任，家人高興都來不及，怎麼會不願意呢？更何況它還有增值紅利的分享！」

9 自傲型客戶

準客戶所有的藉口中，自傲型（也叫固執型）藉口最難回答。他們往往對業務員的推銷不屑一顧，以自己不需要保險，或早就知道保險是怎麼一回事而自傲。其實，他們的藉口經不起推敲，只要回答得當，這些自傲的人中必然會有一部分成為你的客戶。

自傲型的藉口一般有——

——我有足夠的錢，不必再買保險。

——我已經買過保險了。

——公司已替我買了保險，我自己不用買。

——我朋友、親戚在保險公司。

……

處理這類藉口時，要強調保險所承擔的風險保障，壽險不同於勞保或互助會式的保險。言辭要不卑不亢，用事實講道理。

❶「我有足夠的錢，無須再買保險！」

A：「先生，您確實能幹！這麼年輕，便擁有萬貫家產。但您忽略了一個問題：壽險並非只有窮人才買。您知道，世界首富卡耐基、拿破崙．希爾、洛克菲勒、李嘉誠他們不光是買一家公司的壽險，而是買多家公司的多種壽險。」

B：「現在許多有錢人紛紛投保，其用意是為了分散自己的財產。一筆遺產要傳到子女手中，必須先由政府扣取相當的遺產稅。假如留給子女的是不動產（比如房屋）而沒有現金，一旦發生不幸，子女手頭沒有現款，就只好變賣父母遺留給他們的不動產，湊足現款，繳遺產稅。」

❷「我有朋友在保險公司！」

A：「先生，請問您買壽險了嗎？」

（他可能回答買了，或沒買。買了，您不妨問他買的是哪家公司的哪種保險，以試探真實還是虛假；如果回答沒買，請往下追問——）

「您有朋友在保險公司，為什麼到今天還沒有找他買保險？是他沒有找您，還是您沒有找他？如果是他沒有找您，那麼這位朋友實在太對不起您了。因為自己是做保險的，理應知道保險的重要性，他應該優先為您辦理保險事宜才對呀！」

3「公司已替我們買了，我自己不用買！」

A：「×先生，請問公司為您買的是什麼險種？」

（公司一般給員工買的是福利險，不可能買終身壽險和養老保險）

「×先生。根據您的情況，您有必要再購買個人意外險和壽險。有了這份保障，您就可以安心地去幹任何工作，加上公司以後的退休金，何樂而不為呢？」

4「我有錢就存銀行，不買保險！」

A：「×先生，把錢存到銀行的確方便，需要的時候就可以去取回。但恰恰因為需要錢用的時候，往往克制不了，因此很少有人做到利用銀行存款達到湊足養老金。但如果把錢存到保險公司，情況就不一樣了。它要求我們做長期的規劃，並且，每年繳費都有公司的提醒和約束，所以，肯定能夠達到養老的目的。」

ch.10 壽險推銷實戰技能

○我們每個人都是推銷員。不論我們從事何種職業，最重要的是，我們首先必須將自己推銷出去。學會推銷自己是一切技巧中的技巧。如此，你才能打開尋求財富的寶庫。

1 贏得客戶信任的技巧

賓斯托克在其著作《信任的力量》中說：

「人類是一起誕生的，整個人類是一個整體。正是人類所形成的世界把人類分裂開了。多麼愚蠢的世界！多麼虛偽的世界！多麼恐怖的世界！如果人類有了信任的力量，就可以讓人類重新聚集到一起——信任他自己，信任他的同胞，信任他的命運，信任他的上帝。那時，只有那時，人類才能真正成為一個整體。」

想讓別人信任自己，首先自己得信任自己。

❶讓客戶喜歡你

初次登門拜訪，贏得客戶的喜歡至關重要。你只有被人喜歡，才有可能坐下來跟人談生意，坐下來後才有機會讓對方接受你，進而肯定你。顧客肯定你之後，你才有在他面前取得信任度。因此，你必須做到——

①注意自己的儀表和禮儀
②使用富於魅力的聲音

2 運用學步法，獲得準客戶的信任

「學步法」的最主要特點就是對所見所聞進行真實的重現。學步法傳遞給客戶的是這樣的信息：嗨！我正和您同思同想呢！我們的意見是一致的，我相信您，請您也相信我。（具體步驟可參見「優秀業務員面談話術．學步術」）

3 適時地讚美客戶

俗話說：「一句美言三冬暖。」多去發掘對方的優點而稱讚他。

例如，一個事業上不成功的人，可能是一個熱心人，一個有責任感、有愛心的父親；一個地位不高的人，可能是一個非常能幹的某一方面的專家呢！

2 引起客戶興趣的技巧

推銷必須具備的技巧之一是如何才能引起準客戶對你的產品感興趣。興趣是促成一個人對某事盡快下決心或做好它的誘因。無興趣，便無從談起。讓一個痛恨足球或對足球一無所知的人半夜爬起來看球賽是不可能的。

顧客的購買心理也是如此。

原一平說，每一位顧客在購買一種產品或服務之前，都很想徹底了解其實際用途。此外，絕大多數正常人還有一個外人無從完全探知的動機，那就是利用買東西來提高自己的形象，使自己心裡更舒服。這是購物時潛在的興趣，可以使他「提高形象」，「使心裡更舒服」。

因此，作為一名壽險行銷人員，在幫助你的準客戶認識壽險，下決心購買保單時，還需要你挑起準客戶購買保單的欲望及興趣。

如果準客戶對你的壽險計畫產生了濃厚的興趣，那你就擁有了八成的希望，其餘兩成的希望則靠你去激勵他。

1 用「答疑法」引起準客戶的興趣

許多準客戶之所以對保險不感興趣，原因是他們心存疑問——

・產品——它是否能夠做到我希望它做到的事？

・價格——是否值得買？

・他人的意見——買了它之後，別人會有什麼感想？

對這些問題，他們一般不會直接問出來。這就需要你去探知，激發他們對的興趣。運用此方法時，一定要懂得見風使舵。因為，人有理性與非理性之分。

①對於理性之人，你應該儘量滿足他們對產品和價格問題的關心。這些人只要對你的產品（壽險計畫）產生興趣，即使他們打定注意不投保，也會給你機會解釋，以找出他們拒絕投保的理由，以及你的破綻，然後加以攻擊。因此，你必須做到——將重要的資料和統計數字背熟。對方的質疑是解釋的絕好機會，給他們滿意的答覆。

②對於表現出非理性傾向的準客戶，你不必提起保單或產品的優點、特徵及其他詳情；你只需要旁敲側擊，從見面開始就琢磨他們的喜好，以引發他們的購買興趣。

非理性者非常重視別人對待他們的看法，他們都很相信下列的資料——

- 除了我之外，還有什麼人買了這種保單？
- 假如完全沒有投保，別人對我會有什麼感想？投保之後，別人又有什麼感想？
- 保險是不是真的能夠帶來保障（因為我不想讓親友說我亂花錢）？

因此，對有非理性傾向的準客戶，你為其解答以上的疑問即可。可用引證法和恭維法。

❷用「自我形象」法引起準客戶的興趣

給準客戶假設以下幾種關於對方的「自我形象」，引起其興趣——

(1)「真正的自我形象」

沒有人真正了解自己。即使一個人肯接受心理學家的徹底檢查，他也只會認同一部分。人總是有一套衡量的自己的方式，你可對準客戶心目中「理想的自我形象」進行分析。

(2)「他人眼中的自我形象」

人們都很想知道別人如何看待自己，希望別人知道自己多麼成功或在某方面值得驕傲。因此，你要分析，投保壽險後，可以在某種程度上改變準客戶在他人眼中的形象。

(3)「未來的自我形象」

每個人都幻想擁有一個美好的未來，以及美好未來中的種種享受。因此，你可分析壽險在未來社會中的重要性、必要性，並說明它是身分及地位的表現，以引起準客戶的興趣。

一旦準客戶認為你的分析有道理，以及你對他目前擁有的成就或形象持有尊重的態度，他就會覺得你這個人不錯，進而對你推銷的壽險計畫也會興趣大增。

3 發問的技巧

很多書中都說推銷員面見顧客時最好的開場白就是提出一系列他或她關心的問題。這種說法是錯誤的。

推銷之神原一平就說過，當客戶跟你關係還不太密切時就開始信息搜集是沒有好處的。建立同客戶的友好關係，贏得客戶的信任，在開始推銷時非常重要。把這一步做好了，你想知道信息時，客戶才會告訴你一切。以一連串試探的問題開始，無疑會妨礙友好氣氛形成。

另外，如果一開始就提出許多問題，往往會導致準客戶的拒絕與推托。這種提問使他們感到「我是客戶，你是推銷員。」進一步會導致準客戶的設防：「我可得提防點兒！」

因此，提問需要講究技巧與原則。那麼，如何才能做到有效的發問呢？

(1) 陌生式發問法

與陌生人初次見面時，一般都有一種排斥、拒絕的心理。這些發問主要是為了取得信任，爭取坐下來交談的機會。因此，發問要引起準客戶的興趣。

——（誤）先生，請您買一份保險，行嗎？

——（正）先生，對不起，我這裡有個新產品，打擾您幾分鐘！

(2) 行進式發問法

即進行交談中提問。在交談過程中發問是為了更快地拉近兩者之間的距離，弄清楚準客戶的疑慮，摸清實際情況，讓他了解你所介紹的保單。

——（誤）您了解我的意思嗎？

——（正）我這樣講清楚嗎？

——（誤）您還和誰在談？

——（正）您是否還和別的業務員有聯繫？

——（誤）您還沒聽清楚嗎？

——（正）我再重述一遍壽險的意義好嗎？

還可以用這樣的話例：「您說是嗎？」、「您認為合理嗎？」等等。

(3) 促成式發問法

當你和準客戶交談到快要成交階段時，不妨運用促成式發問法，達成交易。

——我們今天就把它定下來吧！

——早一天簽約，早一天享有保障啊！

(4) 選擇式發問法

此方法可用於約定再次見面或選擇不同險種的時候。

——我們什麼時候再見面？是這個星期，還是下個星期？

——這兩種保險計畫，您是選擇這一個，還是選擇那一個？

選擇式發問法有利於客戶按你的意圖辦事。

(5) 開放式發問法

以「什麼」、「如何」、「為什麼」、「請問」等特殊詞語發問，利於使準客戶回答「是」、「是的」、「對」等肯定性話語，從而引起相互間的信任與了解。

——您怎麼考慮退休後的生活保障？您認為我給您的建議如何？

——您怎樣考慮小孩將來的教育問題？

——您認為這個問題該用什麼方式解決？我所推薦的方式，您認為是否可行？

(6) 間接式發問法

間接提問就是把疑問句變為陳述句。如「我不知道您的收入狀況如何？」就是間接式提問法，它是從「您的收入如何如何」而來的。間接性的提問能幫助你收集到更為隱秘的私人問題方面的信息，而不影響友好關係。

4 把握客戶

記住，談判是為了說服對方達到你所希望的目的。如果你是一名壽險行銷人，你和準客戶之間的談判，最終要達成的目的是成交。你是主動者，在你充分駕馭自我，統籌談判局面的同時還得緊緊把握客戶，使他（她）的思維朝有助於實現你的目的的方向行進。把握準客戶思維的有效途徑離不開語言，而言語是講究技巧的。有的人語不出三句，便把對方得罪了，原來是好心，可對方卻忌恨他。有的人同樣用三句話，可以完全表達自己的意願，縮短雙方之間的距離，使關係逐漸融洽，從而成功地把握對方，達成最後的目的。

❶利用肯定設置，使客戶說「是」

面對準客戶，你首先要用積極、熱情的態度感染他，並用肯定性語言把保單的功能、保險的好處介紹給他，促使對方說出「是的」、「是」。客戶一旦進入你所設置的「是」的語境中，便會自覺不自覺地陷入同意的思維中。這必將增大他做出進一步同意的可能性。人同意得越多，就越容易做進一步的同意。許多高級推銷員，每分鐘會讓對方產生至少一次或大或小的同意。

——今天是五月一日，對不對？

——您是馬先生，對不對？很高興見到您。

——人們都希望買有很好的服務保證的產品，對不對？

——大多數人都讓妻子（或丈夫）作為自己的保險受益人，對不對？

——早做決定早受益，晚做決定會吃虧，您說對不對？

當然，在要求對方回答答案為「是」的提問時，要保證這些問題能代表客戶的需求，這些需求你又能滿足他！

2 利用重複技巧把握客戶

到過海邊的人都會感覺：海浪拍打海岸時，那些流動、有節奏的聲音能帶給人催眠的作用。許多成功的推銷員就運用有節奏的重複性話語，喚起客戶的興趣。

重複性話語利於使準客戶不被他事干擾。如對準客戶強調意外事故時可說：

——現在的車，車速越來越快，越來越快，潛在的危險也越來越大，越來越大！我們能不擔憂嗎？

強調壽險的保障作用時，可說：

——壽險的保障作用很大，很大！這種作用我們可從以下的事例中看出……

——您每年只要付出很少很少的保費就可換取到時非常可觀、非常可觀的一筆大收入啊……

3 「把握客戶」的語言原則

①根據不同的人，不同的性格、愛好、經歷，靈活地運用語言的技巧。

②對顧客的不良習慣或不當用語要寬容，不要當面指出。

③不獨占談話內容，要讓客戶自己說。

④清楚地聽出對方談話的重點，並適時表達你的意見。

⑤肯定對方談話的價值。

⑥說話時輔助以適當的肢體語言。

⑦必須準備豐富的話題，以免冷場。

5 察言觀色的技巧

推銷之神原一平說，許多業務員在與準客戶交談時，都希望說服準客戶，讓他們接受自己提供的保險計畫。但事與願違，他們常遭到準客戶的種種藉口，以拖延、拒絕。其實，準客戶的異議，在很多情況下都不具備實質性。只要你正確地把握他們的心理，這些藉口或異議就不復存在。

那麼，如何才能把握顧客的心理呢？

最主要的方法是察言觀色，通過對準客戶的一舉一動、無意中流露的真實心聲等細微跡象的觀察駕馭他們。

有位心理學家曾進行了這樣一個實驗：他讓兩個人不要說話，只用肢體語言及眼神進行溝通。當然，這兩個人事先不認識。實驗的內容是讓一個人表達自己失去親人的悲痛，另一個人表示理解，並予以安慰。

結果顯示，這兩位陌生人在完全沒有言語的情況下，使實驗內容百分之五十五實現。這表明，人類的信息傳遞工具除了語言這一介質外，還有許多其他介質。

兩人的信息傳遞不用言語，真的可以進行嗎？答案是肯定的。

你也許有這樣的經歷——

你一定見過出生不久的嬰兒。嬰兒與母親相處，用言語傳遞出他（她）要吃奶的信息了嗎？嬰兒用言語表達他的急躁與不高興了嗎？

你也許有過美麗的初戀！還記得你們之間的初吻嗎？她是怎樣給予你機會的？是用言語要求你吻她，還是用脈脈含情的眼神？

知道了這些，你就掌握了應該怎樣察言觀色，駕馭你的顧客了。

1 注意目光的運用

目光是傳遞信息的主要方法。學會運用目光，在推銷中便能無往而不利。西方有一句諺語：「用你的眼光怒視獅子。」意思是說，如果老虎或獅子準備撲殺你，你怒目相視，獅子或老虎便會被你嚇怕，不敢撲向你。此話雖誇張，卻正說明了目光對一個人的作用。

與人交談時，要留意他的目光。

——眼睛突然向旁看的準客戶是表示沒有勇氣正視談話內容；談話中對方閉上

眼睛，表明他感到厭煩，不感興趣，或自認為比你優越；目光四處搜尋，忽左忽右，則表明對方無心聽你談話，完全是應付。

——目光專注於你所提供的材料，表明他對此感興趣，起碼態度認真；目光炯炯有神，飽含熱力，表明他已心動，有強烈的購買欲。

❷ 和準客戶交談時，要留心他的肢體語言

因為準客戶的心態和思想完全表露在無言的行動之中。

⑴ 雙手的動作

——如果準客戶抱著雙臂或兩手交叉胸前，兩腿交疊，表明他處於防禦的地位，可能不接納你的建議。你可用熱情的話語打動他。

——如果準客戶故意用手護嘴、揉眼睛，搓耳朵、搔脖子、整衣領，一般表示懷疑、欺騙、不確定、誇張、不安或扯謊。

——如果雙手交叉於背後，表示他具有自我滿足感；把手放在頜下，表明他正在思考。

——如果雙手攤開，或伸開雙臂，往往表示接受，是簽約的好機會。

(2) **頭部的動作**

——談話時，如果準客戶東張西望，表明他未能集中注意力。

——如果頭部抬高，頭部的位置不變或稍稍點頭，表示他對聽到的事抱中立的態度；頭要是低著，則意味著否定。

(3) **其他動作**

——如果你的準客戶吸菸，請留意他的抽菸姿勢。積極自信的人吸菸時，多半會把煙向上吐；相反地，消極多疑的人多半會朝下吐；把菸頭放在菸灰缸上敲的人，表明內心有衝突；剛點上菸，沒抽幾口就丟掉，表示他想結束談話。

——嘴巴咬住眼鏡架，表示他要拖延；愛咬鉛筆及其他物品的人，性格比較內向；喜歡手摸下巴的人，老練而理智。

(4) **準客戶的坐姿**

——如果準客戶時常挨著椅背，又時常看桌上的文件，表示他顯得不耐煩。

——如果他傾身向你，細心聽你的說明，又不住地點頭同意，這說明他有興趣，你應該努力把握機會。

❸ 你的應對技巧

察言觀色的目的是為了突破準客戶的心理防禦。那麼，你掌握了顧客的心理之後，以什麼樣的方式回擊呢？

①如果準客戶表現出不耐煩或無興致時，你可以改變話題或方法，否則他就不能集中精神。也可以選擇另外的時間再來拜訪。

②當你講解完畢，你的客戶的視線依然四處游離，努力避過你得目光，便顯示出他的不耐煩或無興趣。你可以自動收拾好一切東西，即行離去。這樣既顯出你的瀟灑與老練，還留下一個好的印象，留待他日再訪。

③如果在交談中，客戶不停地摸著下巴，表明他在斟酌。這時，你可以重覆產品的優點，以促使他做出有利的決定。

④如果準客戶視線游離不定，你就要用一支筆指引對方的視線到你所講的部分，同時念出筆尖所指的材料內容；把筆移到雙方眼睛的一條直線上，可有效地使對方抬起頭來看著你。如此，對方不但會看，也會聽你講了。

⑤用積極的肢體動作，如雙掌向上攤開、昂首挺胸及其他一些開放性動作影響準客戶。

6 如何製訂短期工作計畫

做任何事之前，都要有計畫。

蓋一幢大樓，沒有計畫圖紙是不行的；出來旅遊，沒有路線及日程安排是不行的；行軍作戰，沒有充分的作戰計畫是不行的。

沒有了「計畫」，這個世界將混亂不堪；如果一個人沒有了計畫，則將像一隻無頭蒼蠅，雖營營嗡嗡，卻一事無成。

計畫有短期計畫與長期計畫之分。

針對壽險推銷，你必須製訂短期工作計畫與長期工作計畫。如此一來，你才會有信心，才有行動的動力，才有自我激勵的可行依據，向著你的目標前進。

有效的工作計畫是幫助你實現既定目標的最佳途徑。它規範著你的行動，使你做事能夠有條不紊。

荷馬・賴斯是美國喬治亞科技大學黃夾克隊的常駐運動總監。因其成績斐然，美國全國大學運動協會以他的名字設立了一個獎項，每年頒發給全國最優秀的運動總監。賴斯的成功，在於每日給自己製訂工作計畫，使這些計畫向他的既定目標靠近，並在旁邊寫出達成目標的日期。

有一次，賴斯被邀請去做演講。他拿出隨手帶的一組小卡片，告訴大家說：「這上面有我奮鬥的目標，一張一個；旁邊這些，是為達成目標而製訂的工作計畫。按計畫辦事，目標才會實現。這些卡片我隨身帶著。就在我等著登機時，我也會掏出這些卡片，溫習自己的目標，自我激勵。」

❶製訂每日工作計畫

製訂每日的工作計畫是壽險推銷工作中最基本也是最重要的工作。壽險推銷，從根本上說，是一項自我管理、自我經營的事業。因此，每日工作計畫顯得尤其重要。有了每日工作計畫，你的工作就具備了條理性和目的性，就有了行動的方向與動力。

那麼，如何才能製訂日工作計畫呢？

那就是製訂一份每日工作計畫表。

①計劃表應簡單明瞭。別依賴隨處塗鴉的紙片記錄、桌上的即時貼，或是用

膠水黏在床前。而是準備好同一類的便紙卡片，設計好內容，每日填寫新計畫即可。

②製訂每日工作計畫的最佳方法是每晚臨睡前想好要做哪些事，按先後次序填寫到空白欄中。將計畫表夾到資料袋內，以便隨時檢查。

③在一個工作日後，應對照所製訂的每日工作計畫表，看看完成了哪些，哪些沒有完成，找出原因，再考慮第二日的工作計畫。

④備註內容可填寫心得，所獲得的新信息、新客戶的名單，及收保費、聯繫體檢等的日程安排。

每日工作計畫表

內容／時間	一類內容	二類內容	三類內容	備註
早晨	① 早訓 ② 自我激勵	儀容儀表 檢修⋯⋯		
上午	重點拜訪的客戶： A、B、C⋯⋯	重點複訪的客戶 1、2⋯⋯	自己的私車及其他	
下午	其次拜訪的客戶： D、G、F⋯⋯	其次複訪的客戶 3、4⋯⋯		
晚上	① 總結經驗 ② 製訂第二日計畫	和朋友交談心得	放鬆自己	

2 製訂一份每周工作計畫表

①每日計畫是接近於目標的一種計畫。因此，要養成每日起床後第一件事就是查看計畫表。將每周與每日的計畫對照，看是否吻合？哪些必須完成，哪些可以次之？

②限制計畫表上的項目。不要什麼都寫，可以分清主次及順序。否則你會顧此失彼，陷入自己設製的計畫陷阱中。

③因此，請你記住這句話：「每當我覺得進退兩難時，我就看這些計畫表，確定使我動彈不得的事，是否真的值得讓我為難！」

一周工作計畫表

時間／項目	周一	周二	周三	周四	周五
陌生拜訪數					
緣故拜訪數					
複訪數					
發掘新額數					
完成金額					
佣金收入					
備註					

7 如何製訂長期工作計畫

許多成功人士都會製訂長期工作計畫：月計畫，季度計畫，年度計畫。長期工作計畫幾乎等同於我們所說的長期目標。沒有長期目標，你可能會被短期的種種挫折擊倒。你可能偶爾覺得有人阻礙你的道路，故意阻止你進步，但實際上阻礙你進步最大的人就是你自己。其他人可以使你暫時停止，而你是唯一能永遠做下去的人。

如果你沒有工作計畫或目標，暫時的阻礙可能構成無法避免的挫折。因此，你必須為你自己製訂一個切實可行又明確的長期工作計畫。

有一次，在全美國壽險業務員會議上，一位記者問一位首席推銷員，他最重要的推銷策略是什麼。他說：「我的每月日程表。」——他必須事先知道一個月後有哪些重要的客戶需要拜訪而預做準備。還有些人甚至會預做他們的長期計畫表上的第一個計畫需要花多少時間完成，然後再利用這些月計畫、季度計畫，甚至年度計畫表，製作每日計畫表。

沙藍是一位報社主編。她以歸檔的方式規劃她每月與每年的時間。每月的前兩周固定寫評論。在這段時間內，她拒絕演講邀請。如果確實有其他安排，她便會帶著手提電腦，隨時趕寫她的評論。每月的後兩周則計畫其他活動。她的年度計畫是：幾個月寫書，幾個月開研討會，其餘一、兩個月則用來嘗試新奇的事物。

沙藍用這種方式創造了驚人的作品產量，而且在同行中還有眾多忠心的擁護者。

❶ 製訂月工作計畫懷

①製訂長期工作計畫表時，要切實可行，切忌天馬行空；空中樓閣無任何意義。

②長期工作計畫是日、周工作計畫的可行依據，要做到相互照應，彼此吻合。

製訂長期計畫時，一定要「審慎思考，貫徹到底」。這是基本概念，但常被忽視。我們都見過設計得一場糊塗的建築物和儀器，其主因就是

時段／內容	上旬	中旬	下旬	備註
預訂拜訪總人數				
預訂簽約總人數				
預訂達成金額				
成交的險種				

設計者沒有做心理上的模擬計畫。

❷製訂長期工作計畫，必須學會分類

這是進行長期規劃的首要條件。原一平說，做壽險的行銷，一定要學會對所有的準客戶進行分類。

原一平曾把客戶分為A、B、C、D、E、F六種——

A：投保邊緣的準客戶。只要經奉勸，隨時都可以投保。

B：因為某種因素，不能立刻投保的準客戶。只需等待一些時日，就會晉升為A級。

C：與A級相同，但因健康關係，目前被公司拒保，需要等待康復後才投保。

D：經濟狀況不穩定，有待經濟狀況改善後再行動。

E：對壽險認識不夠的準客戶。可在一年內讓他們升入A級。

F：包括兩種。第一種是在一年內很難升等者，第二種是僅止於調查階段。

——如此，在製訂長期工作計畫時，就有了側重點，不會盲目行動。

8 複訪的技巧

何謂「複訪」？顧名思義，即「重複拜訪」。

世上沒有一帆風順的事。力圖一次性面談成功，是每一個壽險業務員都嚮往的。然而，在實際操作的過程中，要準客戶爽快地掏腰包並非那麼簡單。

世界壽險推銷大王坎多爾佛說：「我的每一筆交易都是一連串複訪的結果。」推銷之神原一平曾為了一宗壽險，拜訪了七十多次才大功告成。因此，準備複訪是每一個業務員所必備的推銷技能。

❶ 複訪前的再準備

通過初次拜訪，你也許可以獲得準客戶的一些基本材料，他也許對你有了不錯的印象。然而，如果你僅滿足於這些，對即將進行的複訪不再做任何準備，那只能面臨再次失敗。

成功的業務員在複訪前，一般做到——

(1) **對準客戶進行系統「解析法」**

如果他是一位高層，那麼你對他所領導的企業之性質、營運狀況，他對企業的作用，他對員工的態度，他的嗜好、習慣、教育背景等等，都要充分「解析」。

(2) **設計適合於準客戶情況的建議書**

根據初次拜訪所獲得的信息，認真分析評估後，為準客戶設計一份恰當的壽險計畫書（有人會準備兩到三種）。

(3) **站在準客戶的立場，設想反對問題**

準客戶的反對意見有來自保險計畫的，有來自經濟性的，有來自其他方面的。你可從不同的角度設想幾個他可能會提出的反對意見，想出應對策略。

2 面對突然變卦的策略

你也許有這樣的經歷——

初次拜訪準客戶時，他們會流露出很大的興趣，並一度產生了購買意欲，許諾說考慮後決定買。但等你再前拜訪，準備成交時，他們卻變卦了。有的準客戶不那麼熱情，有的更會直接找藉口推托。

這是什麼原因呢？原因有三：

一是——請教外行，被澆了涼水。

二是——受到家人及親屬的反對。

三是——對保險有所了解，好奇心降低。

此種情況下，業務員該怎麼辦？

不僅當成什麼都沒有看見，業務員還應當以加倍的熱情，向客戶問候、寒暄，然後徑直切入正題。

正面宣導完正題後，將主動權交給準客戶，讓他自己選擇。他要嘛應允，要嘛找藉口拒絕。只要準客戶提出藉口，即所謂「病根」，業務員就有了扭轉局勢的機會。（具體解答參見「藉口診所」章節）

通過典型話例的診斷，處理異議，業務員與準客戶極有可能再次掀起保障計畫的熱列討論。如此，複訪便進入正軌，成功就有希望了。

3 複訪時間的選擇

複訪的時間應定在初次拜訪後的第三天馬上進行。時間隔長了，客戶對業務員的印象就會淡薄，一切又得重新開始。

研究表明，人的興奮度和新鮮感一般保持在24小時之內，超過這個極限，便會逐步降低。對一個人的印象也是如此。因此，及時複訪，有助於成功。

①在最初拜訪後的24小時內，打電話給準客戶，加深你對他的影響，為複訪做鋪路工作。

②複訪之前，一定要與準客戶敲定時間，以免撲空或準客戶有其他要事以及讓人覺得輕率冒失，使拜訪搞得不愉快。

記住：對複訪持有歡迎和肯定態度的客戶，過分客套和過多的題外話就顯得多餘。正確的作法是開門見山，單刀直入，直奔主題，既給準客戶爽直幹練的感覺，又使你節約時間。

9 抓住成交時機

原一平說，你一定清楚打火機的工作原理。

當你打動滑輪，擦出火花，並及時供應充足的氣體，火焰就產生了。

有時候（也許你的打火機出了點小故障）只見火花不斷閃現，但形不成火焰，原因是液化氣不能及時供應產生點燃的機遇。

因此，我們可以將時機理解為：時機猶如那千分之一秒的火花閃現；抓住時機則是在那火花閃現的剎那間，及時提供充足的易燃物，使其形成熊熊大火。

抓住時機，促進成交，在壽險推銷中佔有十分重要的地位。因為一切行銷步驟的最終目的都是為了成交。如果一個業務員只具有深奧的壽險知識，了解尋找準客戶的原則，掌握面談的技巧，但就是不能成功地與準客戶成交，那他就不是一個合格的壽險業務員，所有的努力都將歸於虛無。

因此，洞悉成交時機，把握時機成交，便成了壽險行銷過程中的關鍵行為。

那麼，如何才能做到這一點呢？

1 從顧客四片言隻語中，把握成交的時機

言為心聲。有的準客戶在聽業務員講解時，往往會抑制不住內心的真實想法，說出一、兩句心底話。這時，業務員要敏捷地接住他的話題，乘勢促使成交。

準客戶容易成交的話語一般為——

——我需要體檢嗎？

——保費能便宜一點嗎？

——保額如何遞增？

——保險期滿，養老金怎麼提取？能退回多少金額？

——這張保單能起作用嗎？

——公司可靠嗎？

——有哪些手續？

準客戶帶疑問的片言隻語，說明他已經對壽險產生了興趣，隨時準備購買，但就怕自己買錯東西。

這時，業務員一定要鼓足他的勇氣，促使他下決心成交。

你要做到——

- 幫助準客戶排除疑慮，使其做出正確的判斷。
- 儘是鼓勵準客戶提出其它疑問，徹底解決一切疑惑。
- 用締結話術促使成交（好了，這下您全了解了，×先生，請在這兒簽下您的大名）。

❷從肢體語言中，捕捉成交的時機

人的一舉一動都流露出不同的信息。一名優秀的壽險業務員要做到善於觀察準客戶的一舉一動，下意識地從準客戶的肢體語言中捕獲成交時機。

常見的幾種有成交可能的肢體語言——

(1) **雙手**

——客戶如果攤開手掌，或伸開雙臂，往往表示接受，是簽約的好機會。

——手握成拳狀，並下意識地用勁時，是簽約的好機會。

(2) **頭部**

——面帶微笑，頭偏向一側，說明他有濃厚的興趣，可以提出簽約。

——不斷點頭，並伴隨肯定的話語，則表示他完全同意，是簽約的好時機。

(3) **坐姿**

——面談結束，身體前傾，表明他對你提供的信息有興趣，此時你可以順勢提出成交的要求。

(4) **眼睛**

——眼睛如果發亮，專注於你所提供的材料，這就是提出成交的好機會了。

——眼神隨著你的談話內容不斷變幻，並表現出渴求、驚奇、興趣的神色時，可以大膽地提出簽約要求。

❸在推銷面談達到高潮時，提出成交

趁熱好打鐵。準客戶與你談得興致正高，氣氛最融洽時，提出簽約最有成功的可能。當然，提出成交的前提是準客戶對壽險理念，基本知識、常識有了一定的了解。在溝通階段或閑聊的高潮時，千萬不要提出成交的要求。

❹最明顯的成交時機是準客戶會說：「ＯＫ！你再說一次。」

這時候，許多業務員往往表現得喜形於色。但要記住：別讓勝利沖昏了頭。易於做出決定的人，也是易於反悔的人。這時，業務員反倒應當冷靜——

——先生，您真的全了解了嗎？

——您是否知道從您簽約的這一刻起，這張保單就生效了？

——您今天或明天哪一天有空，我得陪您去檢查身體，然後再簽約。

這樣一來，會讓準客戶心裡踏實：「嗯！像那麼一回事。」

10 適當運用的促成方法

「方法」即做事的規律，有時也等同於所謂「經驗」。

有人做事善於遵循方法，即按他人總結的方法按部就班進行。但方法是死的東西，具有不同的針對性，因人而制宜。如同青黴素，對某些人的炎症立竿見影，對個別人卻有反作用。因此，不顧自身的特點，盲目地運用他人的方法，免不了因循守舊，缺乏創新。方法運用正確，借鑑得當，具有事半功倍的效用。如果運用不當或生搬硬套，其結局可能南轅北轍。因此，運用或借鑑方法一定要靈活，要適合自己的個性及想說服的對象。

❶ 循序漸進式

即按照一般的推銷步驟接近客戶，建立共同問題，解決個別問題，最後水到渠成。這一方法比較適合於購買保險時左思右想，舉棋不定，無法下決心的顧客。

①對顧客要有耐心，充滿熱情。
②專心傾聽顧客的想法，找出異議之所在。
③有選擇地加以討論，解決問題，達成交易。

❷締結成交式

指在廣泛面談的基礎上逐步縮小面談範圍，總結準客戶的購買理由，並強調其重要性，達到成交的目的。這一方法適用於那些心動但又一時不能下決心，有點含糊的準客戶。

①注意配合顧客的需要。
②運用締結性話術時要得當，且不可有威逼之意。

❸以退為進式

很多顧客認為買保險有必要，也有保險意識，但又擔心買錯東西，上當受騙。以退為進式的促成方式即利用顧客的這種心理，向顧客展示現在投保可以獲得價格上的實惠，可以佔到便宜，並能立即轉移風險。這種方法適用於那些在價錢上猶豫的準客戶。

①靈活掌握，說話時要留有餘地。如：「×先生，您今天不投保也可以。但拖到下半年，保費會提高，還是今天投保合算……」

②不要對死話題，如：「×先生，您今天不投單也可以。但過幾天，您又增加一歲，保費又會增加一些……」

4 速戰速決式

即初次面談，達成共識時，立即讓客戶簽單購買的方式。這類方法最適合於性格豪爽、財大氣粗的準客戶。

①用積極肯定的心態和專業精神感染客戶，促使其做出決定。

②強調壽險的緊迫性、必要性。

5 激勵成交式

當準客戶準備購買時，又有些疑慮，吃不準，這時業務員往往拿激勵的話語與故事激勵準客戶下定決心。這類方法最適用於那些易衝動、感情用事的準客戶。

①富有耐心、熱心、自信心。

②運用恰當的激勵話術及故事（見前）。

6 欲擒故縱式

「欲擒故縱式」是指對那些傲慢，自認為什麼都知道的準客戶所採用的方式，其目的是無視於他們的盛氣凌人，使其在不知不覺中與你成交。

①運用挑釁話術，引起顧客的重視。

②待顧客轉變態度時，你再運用熱情法則，感染他、激勵他、恭維他。

7 默認成交式

默認就是要把成交視為當然。如果顧客不表示其他意見，而面談進行到業務員有理由相信顧客認為這個壽險合情、合理又符合自己的要求，這時就可以成交。此方法適用於那些持重穩健、言語不多的顧客。

①確實知道準客戶已了解壽險。

②在填寫客戶姓名、年齡、工作單位時，準顧客不表示反對，可以成交。

③當業務員幫助準客戶下決心時，準客戶未表示反對，也沒有表示肯定，可以成交。

8 複訪促成式

世上沒有一帆風順的事，一次性促成的機會一般很少，多次複訪，促成的機率才高。這一方式適用於那些比較固執，善於推拖延宕的準客戶。

①一定要富有耐心。

②堅信「勤」能補拙。

9 使用成交話術促成成交

「成交話術」是推銷面談結束時，業務員促使成交的特殊話術。與準客戶交談時，業務員應該善於抓住成交時機，通過話語，促使成交。

(1) 善於使用總結話語促使成交

——「好了，請×先生簽上大名。這張保單從現在起就生效了啊！」

——「×先生，我想您今天所做的這個決定，您太太一定會很高興。」

——「×先生，您付款是願意按月支付還是按季或按年支付呢？」

——「如果您現在就做出決定，從下一分鐘起就享有保障了。」

(2) 使用鼓動性話語促使成交

——×先生，您還猶豫什麼？您不是買保險，只是為孩子買教育基金，為自己準備退休金，買一份心靈的平和、快樂、安全和滿足。

——買壽險並沒有把錢花掉，只是擺在一邊，在你真正需要的時候可以使用。

——只要您在這裡簽上大名，您所創造的可能比大多數人一生中所創造的資產還多。

——父母愛子女，最真摯的表達方式莫過於為自己買一份壽險保單。

——現在不決定，您會後悔一輩子的。

(3) 使用利益性話語促使成交

——×先生，您事先準備多少，退休的時候就會得到多少回饋。

——×先生，如果在保期內您平安健在，它就是一筆可觀的儲蓄；萬一遇上不幸，它就是翻了好幾倍的保險啊！

——別猶豫，×先生！保險就是一種長期的保障、理財、投資計畫。

——×先生，當您退休時，您擁有一筆可觀的養老基金是多麼愜意的事啊！但未來是否美好，必須您現在決定。

(4) 使用警策性話語促使成交

——是的，購買壽險要花錢。但是，沒有壽險，所付出的代價將更高。

——如果您有一隻會生金蛋的雞，您會為誰買一份保險，是雞還是蛋？

——上帝並沒有與我們簽約說，意外不會發生在我們身上。

11 以良好的自我「心像」促成

「自我心像」指你的外表形象加內心的情感活動。

外表形象在推銷面談中起著舉足輕重的作用。如果一個業務員的推銷活動進展到促使成交的階段，我們有理由相信，你已經具備了完美的第一形象，並深知形象的重要性。那麼，在促使成交時，你知道怎麼運用你的形象加內心活動，即你的「心像」去促成成交嗎？別急於回答，先做下面的「心像」檢測題。

❶ 自我「心像」檢測

以下的測試題只回答是與否，按實際情況，如實回答。不要有任何想法。

(1) 與別人交談時，總是心不在焉。 □

(2) 與別人爭論某事時，總想壓倒對方，不勝不快。 □

(3) 當一件較難辦的事辦成後，往往喜形於色。 □

(4) 有喜訊傳來時，大呼小叫，並熱情地邀請他人吃飯。□

(5) 心情不舒暢時，往往抱怨別人，不在自己身上反思。□

(6) 心裡有所想，行動就有所表現。□

(7) 內心著急時就控制不住自己，來回走動，亂發脾氣，長吁短嘆。□

(8) 任何場合都不忘彬彬有禮，有節制，不輕浮。□

(9) 認為人與人之間是利用與被利用的關係。□

(10) 認為「過河拆橋」、「忘恩負義」是小人所為。□

(11) 討厭生意場上「撈一把就走人」的不道德行為。□

——回答小題8、10、11為「是」，其餘為「否」，每題各得正1分；反之得負1分。

得分在7～10分之間，說明你的自我心像很好；

得分在0～7之間，說明你的自我心像較好；

得分在0分以下，你得加強自身的文化涵養，端正自我心像。

壽險行銷業務員面對成交促成階段，要進行以下的「自我心像」訓練——

2 加強細節養修

①不要因為感到客戶要交保費了，高興或激動得不能控制自己的情緒。必須做到熱情大方，又泰然自若。因為那是情理之中的事。

②該靜默時，不要講話，更不能急於打斷顧客的談話。

③不要使用否定性語言。

④不要和客戶發生爭執。

⑤不要說得太多，有力、有重點即可。

⑥言辭要果斷、堅定，不閃爍其詞，吞吞吐吐，詞不達意。

⑦切忌急躁盲目，不耐煩。

⑧不要恥笑客戶的質疑。

⑨不要貶低同業或同行。

⑩不輕易許諾、賭咒、發誓。

3 促成時應持的「心像態度」

①忌好高鶩遠。要一步一個腳印，不要想著大保單才值得做，小保單能成則成，不成拉倒。

②多次促成。一次促成的機會很少，尤其是新的行銷人員應該秉持踏實的耕耘功夫，才能有所收穫。

③不強迫促成。強迫式的促成通常會令準客戶受不了，容易產生抵觸情緒。一定要視具體對象、具體條件而定。

④忌急功近利。不要顧著自己的利益，而要以準客戶的利益為旨歸：「要自己獲益，先讓他人獲益。」

⑤忌畫蛇添足。客戶簽字、交費後，業務員一般應找藉口立即離開，（比如說：「×先生，我和另外一位先生約好下午4點見面，現在3點了，我得馬上趕過去。等公司核發保單，我會立即把保單送給你。」不要說廢話或多餘的話，以防畫蛇添足。如某一位業務員成交後對某太太說：「×太太，您的先生買了此種保險，這下您可放心了。」誰知×太太怒說：「我是那種期待先生早死獲益的人嗎？不保了！」

12 正確地遞送保單

「保單」是保險契約的憑證。

就整個壽險推銷過程而言，只有在客戶簽收了保單回執以後，推銷才告一段落。但作為一名合格的業務員，你一定要知道，簽好保單並不意味著推銷終結，而是開始——是真正意義上的「服務」的開始，也是「銷售過程的延伸」。就客戶的心理而言，也只有在客戶拿到保單，並進行初步研讀後，購買才真正獲得實現。

因此，你應在公司簽單蓋章後，盡快將保單送到客戶手中。有的業務員在與客戶熟悉後，會有一種錯覺，以為保險既已生效，這類事情無關緊要。殊不知，恰恰因為這種無關緊要的「不及時服務」，會使客戶看清你的嘴臉，並由此可能退保。

壽險推銷員皮埃爾有一次好不容易說服了保戶。保戶答應買一份保單。皮埃爾喜出望外地說：「請您在這兒簽個名吧！先生，當你的大名在此落筆，您就擁有了一份非常可觀的壽險保障！您是付現金還是支票？」

保戶說：「付現金！」

一切順利成交！

「您在家放心地等吧！明天我就給您送來保單回執。」皮埃爾信誓旦旦地說：「這樣，您的壽險單就生效了。」

然而，皮埃爾卻只顧忙著拜訪其他陌生的準客戶去了。這位客戶等了好幾天，不見他送保單回執，便起疑心。給他打電話，恰巧不在。客戶心更急了，便打電話到公司投訴。公司馬上責成皮埃爾去給客戶解釋。然而已經遲了，客戶已決定不投保，要求退回保費。

你千萬別學皮埃爾這類業務員，從而因小失大，或掉了西瓜抓芝麻。

1 及時送保單給你的客戶

這是你為你的客戶在成交後所做的第一次服務，很關鍵。俗語說：「好的開端，成功的一半。」千萬別拖延，也不要抱著「反正他已交了錢，還怕什麼」的不負責任想法。

遞送保單前，一定要做到——

①檢查保單，看是否有誤。別造成不負責任或不把客戶的事當回事的錯覺。

②打電話通知客戶，並約好遞送時間。如此既可防止客戶外出造成的拖延，又能證明自己對工作認真負責，同時還可節約時間。

❷遞送保單時的話術

遞送保單時，最好跟你的客戶再詳細談一會兒。當然，主要是向他介紹有關保單方面的知識；也可將保戶的問題充分個人化，把保單的好處與其他需要連貫起來，提及受益人的名字，並敘述激發性的故事。

你可以從以下幾方面進行可談——

①談有關保單條款的詳細解釋。

②談此保單如何配合客戶所有的保險計畫。

③談保戶遭遇不幸但活著而殘廢時，保單的作用。

④談如何續保的問題。

⑤談保戶無法續保的問題。

「×先生，您看這一條。這是專門講如何使用保單……您看到這一頁所列的數字嗎？這是您唯一必須盡到的義務——每年所需繳交的保費。假設您中途拒絕交費，那麼很可惜，保單就不會生效了。當然，×先生，您不會這樣做的。」

「×先生，當您發生意外住院或受傷，有必要休養一段很長的時期，以致沒有能力繼續繳交保費，您的保單還會繼續生效。這就是這張保單的價值所在。」

「×先生，您買的不只是我們公司的一份保單，而是一份保障，一份對家庭的責任。真的，我誠摯地恭喜您，您為您自己及您的家庭做了一件好事！」

❸ 再次強調你的服務

解釋完保單的有關問題，再次強調你所為他提供的服務。儘量讓他得知最新的資料或任何對他重要的事。提醒他，若有任何問題，可直接同你聯繫。

強調你的服務時一定要注意——

①不要過於誇張或誇大自己的能力，否則會因兌現不了而引起糾紛。

②在你力所能力，並且在你應該提價的服務範圍內做出許諾。

③切記：說到做到。如此才能取信於人。

13 如何理賠

人壽保險是以人的生命為保險標的，以人的生存或死亡為保險事故，當事故發生時，保險人給付一定金額的保險契約。換句話說，人壽保險是以保障人的生命為前提，以減輕或消除經濟生活上的不安定為目的，由多數經濟單位結合，根據人壽保險數理統計合理計算，達到補償和調劑意外事故所造成的經濟損失。這種核算及調劑補償就是「理賠」。

「理賠」是投保戶投保的目的之一，也是保險公司的功能及責任。

推銷大王坎多爾弗曾說，人壽保險推銷是一件很複雜的工作，你不僅要做一個一流的「銷售員」，還必須做一名知識、經驗豐富的「維修工」或「保姆」。

亞當森也提過類似的說法。他在培訓學院的課上講了一個很感人的故事——那是一個陰雨天，他正和一位準客戶面談。這時，他的CALL機響了。他的一位客戶不幸發生了意外。

「我當時心一沉，告訴我的那位準客戶說：『對不起，我得去一趟！您知道，客戶的家屬這時最需要業務員。我們另訂時間面談好嗎？』準客戶點了點頭。他從我的神情中看出了我發自內心的急切。我匆匆駕車趕往那位發生意外的客戶家。原來我的客戶因下雨路滑，駕車不小心，碰到高速路的欄杆，造成車毀人亡。看著慘不忍睹的屍體、悲痛欲絕的妻子及哀嚎的子女，我也忍不住心酸。那幾天，我停止了拜訪新的準客戶，專心處理這位客戶的後事。幫他的妻子整理他的遺物，安慰她一定要節哀順變，並幫助她為丈夫買了棺材。出席完葬禮後，我又及時為她送去公司的理賠金額。他們一家人都對我很感激，我的名字也隨之在那兒傳開了，許多人自動找上門來要求投保。那位當時和我沒有面談完的準客戶知道我的所作所為後，也主動打電話給我，買了一份保額最高的險種。

「作為一名壽險業務員，你要記住：只有用真情才能感動你的客戶。這種真情不只用於推銷面談，而是貫穿整個推銷過程。尤其在理賠時，真情更顯珍貴。」

一旦出現理賠事件，你要做到以下幾個方面——

(1) 詳細告知客戶理賠程序

①當客戶發生意外事件，業務員應盡快通知客戶或家屬，保險公司所需的理賠資料。理賠資料一般包括：客戶病歷；醫療費用收據；住院證明；警察部門的事故檢驗報告；死亡證明。

②保險公司的理賠程序——

理賠一般在事故處理完後進行。業務員先收取理賠材料，然後交給保險公司理賠部門進行審核。理賠通過後，大宗賠償應通知客戶，並由業務員陪同，前去公司領取；小件理賠，則由業務員領取，及時送交客戶。

⑵ **探望保戶**

當你得知保戶發生意外時，應及時抽出時間前去探望。可買一些營養品或其他慰問品，使客戶或受益人感到你的熱忱和關心。

業務員在探視過程中，可大致判明，是否可以獲賠。如無法判明，可與理賠部門聯繫，並把理賠部門的意見及時告知客戶，使客戶心中有數。

⑶ **參加葬禮**

如保戶死亡，出於禮節，業務員應參加保戶的葬禮。參加保戶的葬禮，可使保戶的家人獲得更多一份安慰。

⑷ **做好客戶或家屬的心理工作**

有時候，保戶的理賠案件不一定或不能按照預先設想的那樣順利進行。在這種情況下，業務員應耐心細緻地做好保戶的心理工作。當然，你一定要盡可能站在你的客戶一方。

14 自我總結

保險的銷售不是職業，而是事業。

總結不是為了結束，而是為了更有力地向前走。

因為，在「總結」中才能發現自己為何成功或失敗？哪些方面做得好或有所欠缺？一旦找出原因，就能使下一步行動做得更好或避免無謂的碰壁。

總結可以是你自身行為的總結。在一天的推銷中，你的推銷禮儀是否得當？你是否對客戶流露出不耐煩或輕視的態度？你是否感到好累，感到壓抑與無聊？同樣地，在一天的推銷中，你成功了嗎？若是成功了，成功的原因是什麼？值不值得給自己一點獎勵……

總結自身，其實就是反省。反省是駕馭自我的最好方法。

總結也可以是你對客戶的總結。你所接觸的客戶屬於什麼類型？他有什麼樣的愛好？他的思維方式如何？你應該怎麼樣做，才能找到適合的方式突破？哪些客戶可以成為你永久的合作伙伴？通過他，還能挖掘多少其他準客戶……

❶準備一本「自我反省日誌簿」

反省內容包括——

①精神是否飽滿？是否面露微笑？應對是否得體？語調是否平和而有魅力？

②成功在什麼地方？找出一天的成功，一方面可以給自己極大的鼓勵，使一天的勞累和委屈消失，另方面還可以提供豐富的經驗，使第二日的行動充滿鬥志，富有信心。

③失敗在什麼地方？找出失敗的原因（包括被準客戶拒絕，和準客戶抬槓，鬧得不歡而散，或即將簽約，卻因不必要的誤解搞崩了）既是有自信心的表現，同時也是戰勝失敗的途徑。不敢直面失敗，又怎麼能戰勝失敗呢？因此，一定要養成每日查找自己失敗之原因的習慣。

❷定期舉行原一平式的批評會

向推銷之神原一平學習——

找幾個客戶（包括準客戶）坦率地批評你。目的是為了更徹底地反省。

集會原則：以5人為限，要使集會中人人暢所欲言。為了讓更多的人參與批評，每次邀請的對象不能相同。每月舉行一次，地點可選擇一家安靜的小飯館，以便餐的方式進行。除了認真聽取批評建議，還要一一記錄下來。然後，照此建議進行改正。

③ 請人調查你自己

「當局者迷」。你若想徹底知道自己究竟是一個什麼樣的人，你在別人眼中的形象，信譽如何，不妨採用此方法。委托朋友或調查公司對你進行調查。調查內容，根據壽險推銷的特點，包括——

①客戶對你的評語。把好壞評語集合起來，做綜合分析，得出結論。

②你的信譽度。你在準客戶或客戶及他人面前的信譽度如何？

③你的個性特點。也許你粗暴、急躁慣了而不自知。那麼，在他人眼中呢？

一九六二年，原一平被日本政府特別授予「四等旭日小綬動章」。獲得這種榮譽在日本是少有的，連當時的首相福田赳夫也羨慕不止，當眾慨嘆道：「身為總理大臣的我，只得過五等旭日小綬動章。」

一九六四年，世界權威機構美國國際協會為表彰他在推銷業做出的成就，頒發了全球推銷員最高榮譽——學院獎。同時他也是明治保險的終身理事，是保險業中的最高榮譽。真正是功成名就了！

一生以保險銷售為志業，他不但贏得保險行業的最頂尖高手，同時他的奮鬥故事，也一直讓人津津樂道！這是原一生最佳的人生禮讚！因此，你也是可以下定決心，把推銷當成一生的志業，勇敢邁進，最重要的是——正向思考，永不退卻！

〈全書終〉

國家圖書館出版品預行編目資料

壽險高手／陸京夫樓 著， -- 修訂二版 --
；－新北市：新BOOK HOUSE， 2018.09
面； 公分
ISBN 978-986-96415-9-3 (平裝)
1.人壽保險 2.銷售

563.73 107011600

壽險高手

陸京夫 著

〔出版者〕新 BOOK HOUSE
電話：(02) 8666-5711
傳真：(02) 8666-5833
E-mail：service@xcsbook.com.tw

〔總經銷〕聯合發行股份有限公司
新北市新店區寶橋路235巷6弄6號2樓
電話：(02) 2917-8022
傳真：(02) 2915-6275

印前作業 東豪印刷事業有限公司

修訂二版 2018年09月